本书由省社科联2016年度辽宁社会科学普及课题“辽东地域文化宣传普及读本”（课题编号：2016lsklpktzi-08）资助出版

辽东地域文化宣传普及读本

陈　丹　朱华波　著

东北大学出版社
·沈　阳·

图书在版编目（CIP）数据

辽东地域文化宣传普及读本 / 陈丹，朱华波著. —沈阳：东北大学出版社，2016.7
ISBN 978-7-5517-1352-8

Ⅰ. ①辽… Ⅱ. ①陈… ②朱… Ⅲ. ①文化史—辽宁省—通俗读物 ②文化史—吉林省—通俗读物 Ⅳ. ①K293-49

中国版本图书馆 CIP 数据核字（2016）第171527号

出 版 者：东北大学出版社
地址：沈阳市和平区文化路三号巷 11 号
邮编：110819
电话：024-83687331（市场部） 83680267（社务部）
传真：024-83680180（市场部） 83687332（社务部）
网址：http：//www.neupress.com
E-mail：neuph@neupress.com
印 刷 者：沈阳中科印刷有限责任公司
发 行 者：东北大学出版社
幅面尺寸：170mm×240mm
印 张：10.25
字 数：171 千字
出版时间：2016 年 7 月第 1 版
印刷时间：2016 年 7 月第 1 次印刷
责任编辑：刘乃义
责任校对：文 浩
封面设计：刘江旸
责任出版：唐敏志

ISBN 978-7-5517-1352-8 定 价：32.80 元

前　言

辽东历史悠久，文化积淀厚重。这里民俗事象丰富多彩，既有以满族、朝鲜族为代表的少数民族民俗文化，又有近年来伴随旅游业蓬勃发展而兴起的本溪国际枫叶节、丹东鸭绿江国际旅游节、抚顺满族风情节等一批新兴旅游节庆；这里宗教文化底蕴深厚，东北道教龙门派发祥地本溪九顶铁刹山、东北地区最高的砖塔辽阳广佑寺白塔彰显着道家风骨和佛教源流；这里依傍浩瀚的黄海，甲午海战中民族英雄邓世昌的雕像如今正巍然屹立在丹东大鹿岛上，不时向后人传诵着千古的爱国颂歌；这里山多林密，水美洞奇，丹东凤凰山、丹东鸭绿江、本溪水洞等众多名山大川、奇洞点缀在辽东的土地上，形成辽东山清水秀的自然骨架；这里历史文化积淀厚重，五女山山城、清永陵等世界文化遗产，见证着辽东的悠久历史和作为满族发祥地与清文化源流的历史地位；这里特色文化鲜明，有以人参、鹿茸、五味子等山珍为代表的土特产，有各地花样迭出的特色美食，有地域特色、民族特色鲜明的曲艺、文学、音乐与舞蹈等各种艺术形态，还有以煤精、琥珀为代表的雕刻工艺和以剪纸、核木工艺品、桓仁版画等为代表的其他工艺美术品。总之，辽东山水俊秀，人杰地灵。

辽东地域文化是在辽东漫长的发展历程中逐步形成并世代传承与演变、不断发展的地域文化。品读辽东地域文化，有助于了解辽东特有的民俗文化、宗教文化、海洋文化、山水旅游文化、人文景观和特色文化，对于大众的科学普及、区域的旅游发展等都大有裨益。

本书的编写与出版承蒙辽宁省社会科学界联合会的大力支持，使之成为省社科联2016年度辽宁社会科学普及课题“辽东地域文化宣传普及读本”（课题编号：2016lsklpktzi-08），并作为资助课题给予资助。在成书过程中，课题组全体成员投入了宝贵的时间和精力。在此一并表示感谢！

本书在编写过程中参考了前人和今人的很多文献，吸收了最新的研究成果，在此向各位作者深表感谢。

由于时间仓促，加之水平有限，本书虽经作者认真编写，但缺点和疏漏之处在所难免，恳请广大读者和学界同人批评指正，作者将不胜感激。

著　者

2016年5月9日

目　录

第一章　绪　论

辽东历史悠久，拥有厚重的历史文化积淀。

第一节　辽东地域文化的形成与发展

辽东地域文化是在辽东漫长的历史发展进程中逐步形成并发展起来的地域文化。

一、相关概念界定

要明确辽东地域文化，首先要明确诸如辽东、地域文化等基本概念。

1. 辽　东

对“辽东”的含义，有以下几种解释：

第一，辽远的东方；

第二，辽远的东方之地；

第三，辽地以东；

第四，辽河以东。

《辽东志·地理卷》在“沿革”中这样介绍：“禹贡冀青二州之域，天文箕尾分野。东跃鸭绿而控朝鲜，西接山海而抵大宁，南跨溟渤而连青冀，北越辽水而亙沙漠。”可见，辽东一词由来已久。

【背景知识1】《辽东志》

《辽东志》全书共九卷，由明朝任洛等纂修，明嘉靖十六年（1537年）重修刻本。明洪武四年置定辽都卫，八年改为辽东指挥使司，都司治于辽阳，是为辽东建置之始。

在不同历史时期，辽东的含义和具体地理范围有所不同。

（1）郡国名

① 战国时期燕国设置辽东郡。治所在襄平（今辽阳市），辖境相当于今辽宁大凌河以东。西晋改为国。十六国后燕末期辖境到达高句丽。北燕又设置辽东郡于今辽宁西部。北齐废。

② 东汉安帝时分辽东、辽西两郡，设置辽东属国都尉。治所在昌黎（今义县）。辖境相当于今辽宁西部大凌河中下游一带。三国时期的魏国改为昌黎郡。

（2）都司名

明洪武四年（1371年）设置定辽都卫，洪武八年（1375年）改为辽东都司。治所在定辽中卫（今辽阳市）。辖区相当于今辽宁大部。自正统后期，因兀良哈诸族南移，渐失辽河套（今辽河中游两岸地区）；自天启元年（1621年）至崇祯十五年（1642年）间，全境为后金（清）所并。

（3）军镇名

明代“九边”之一。相当于辽东都司的辖境。镇守总兵官驻广宁（今辽宁北镇），隆庆二年（1568年）之后，冬季则移驻辽阳（今辽阳市）。明末废。

（4）地区名

泛指辽河以东地区，与辽左同义。

2. 文　化

文化是一个非常广泛的概念，很难给它下一个严格和精确的定义。就释义来说，文就是“记录、表达和评述”，化就是“分析、理解和包容”。

笼统地说，文化是一种社会现象，它是人们长期创造形成的产物，同时又是一种历史现象，它是社会历史的积淀物。确切地说，文化是凝结在物质之中又游离于物质之外的，能够被传承的国家或民族的历史、地理、风土人情、传统习俗、生活方式、文学艺术、行为规范、思维方式、价值观念等，它是人类之间进行交流的普遍认可的一种能够传承的意识形态。

3. 地域文化

在《中国文化通志——地域文化典》中，有这样的记载：“汉族文化最早由黄河流域多种古代文化融汇而成，不同地域仍旧保留有各自的若干特色。此后，汉族文化扩展到了更广泛的地域，并包容了当地的原有文化。北方民族不断地进入黄河流域乃至更南的地方，与汉族融合，也给汉族文化注入了新的血液。在长期的历史进程中，各个地区的自然环境、人文因素、政治格局、经济发展往往有所差异，从而在具有共同文化的基础上，呈现了各自的特色。”可见，地域文化是一个比较大的概念，涵盖了具有相似文化特征或者说在文化上同源的广阔区域内的文化现象。

【背景知识2】《中国文化通志——地域文化典》

《中国文化通志——地域文化典》，宁可主编，上海人民出版社2010年12月出版。共分十册，分别论述了我国最具有代表性的十个地域文化，如秦陇文化、齐鲁文化、燕赵文化、荆楚文化、吴越文化、巴蜀文化、闽台文化、晋文化、岭南文化等。

二、辽东地域文化的形成与发展

在此，我们循着历史的脉络进行梳理，来一点点再现辽东地域文化的历史风貌。

（一）石器时代

石器时代的时代背景是：自人类脱离属于动物范畴的“南方古猿”起，在很长一段时间内使用以石头为原料制作的工具与自然界作斗争，以谋求生存。考古学上把人类历史的这个阶段称为石器时代，并根据石器制作的粗细程度划分为旧石器时代和新石器时代。旧石器时代经历的时间最长，约占人类历史的99%以上。从人类的起源开始算起，这个阶段结束于大约距今1万年前后。新石器时代，是氏族社会由盛至衰的一个历史阶段。从打制石器到磨制石器，以及制陶和纺织的出现，成为这一阶段的基本特征。我国新石器时代大约始于距今1万年到6000年，一直延续到公元前2000年，经历了母系氏族社会、父系氏族社会和氏族社会解体三个历史阶段。

石器时代的辽东地域文化主要体现在辽东地区的石刻艺术。

在丹东后洼遗址中，出土了40多件动物形、植物形、人形或人兽合一的石雕像。这些石雕像，属于距今6000年前的辽东地区新石器时代的早期石刻艺术作品，尤其是鸟人合一石雕像更为珍贵。

鸟人合一像，是用滑石雕刻而成的，一面是人，一面是鸟，这反映了鸟与人的密切联系，说明了鸟是后洼人的图腾崇拜物。图腾崇拜是原始部落的人们，认为某种动植物或自然物与部落、氏族之间有着血缘关系，是他们的祖先和保护神，因此把它们作为氏族的名称或标志，对它们加以崇拜和禁忌。

（二）青铜时代

青铜时代的时代背景是：大约在公元前22世纪末或公元前21世纪初，我们的祖先迈入了文明的门槛，进入了青铜时代。青铜时代，一般用来指从此起到公元前500年这段时期，也就是人们所说的奴隶社会时期。夏朝是我国奴隶社会最先建立的国家。从夏朝、商朝、西周到春秋战国之交，共计1700多年。

青铜时代的辽东地域文化有：

1. 抚顺出土的商代环首青铜刀

抚顺出土的商代环首青铜刀，铸造精致，和河南安阳殷墟出土的青铜刀差不多相同，说明辽东地区和中原地区的社会发展程度是一致的，并且有密切的关系。从文献记录和考古发现的有机结合来看，商文化应起源于东北地区南部。

2. 最具地方特色的青铜短剑

辽宁地区的青铜短剑，前后经历了800年之久。以后随着中原铁器文明的到来，短剑迅速消亡。西汉初年，完全退出了历史舞台。

3. 巨石文化——大石棚

巨石文化是一种从石器时代流传到青铜时代的古代文化类型，在亚洲、欧洲、非洲、美洲都有分布。辽东半岛的巨石文化，是指距今约3000年至2500年前分布于辽东半岛南部的青铜文化。那时活动于辽东半岛的人们，具有崇拜大石的习俗。他们在山岗上建造巨大的石棚进行祭祀活动，死后葬于山洞里，或积石为葬，从而创造了一种独特的巨石文化。

在辽东半岛大石棚分布区内还有一种单立石，当地人称为“石柱子”，是与石棚有关的巨石文化的一个组成部分。丹东宽甸下露河、柏林川，凤城宝山均有分布。

（三）战国秦汉时期

战国秦汉时期的时代背景是：从春秋战国到秦汉的几百年时间里，是我国历史上一个较大的社会变革时期，是从奴隶制到封建制的转变和巩固时期。在此阶段重要的社会背景是：战国时期的燕国以及后来的秦朝、汉朝在辽宁地区设置郡县。这期间的重要史实是：燕国人大规模进入辽东。燕国人在战国时期大规模进入东北地区。燕国在新开拓的土地上，设置上古、渔阳、右北平、辽西、辽东五郡，修筑长城，国力大增。辽东郡，辖境在辽河流域至朝鲜半岛北部。郡治在襄平，今辽阳市附近。

【背景知识3】燕太子丹

燕太子丹（？—公元前226年），姬姓，名丹，燕王喜之子，战国末期燕国太子。当时秦已攻灭韩、赵等国，次将及燕。秦灭韩前夕，他被送至秦国当人质，受辱后于燕王喜二十三年（公元前232

年）回到燕国。他以暗杀秦王政来阻挡秦国的兼并之势，曾策划过荆轲刺秦王事件，事情败露后，燕王喜担心秦国出兵攻打燕国，便杀太子丹，将其头颅献秦军以求和。

【背景知识4】太子河

太子河是辽宁省较大的河流之一，流贯辽阳、本溪境内。太子河古称衍水，汉称大梁河，辽称东梁河，金时称无鲁呼必喇沙，满语意为芦苇河。明称太子河，清称太资河，即今之太子河，太子河地名来源于战国时燕国太子丹。

战国秦汉时期的辽东地域文化表现为：

1. 燕国的文化遗存

（1）燕长城

我国早在两千多年前的春秋战国时期，各诸侯国为抵御外敌入侵，就先后开始修筑长城。最早在东北大地上修筑长城的是战国时期的燕国。《史记·匈奴列传》载："燕亦筑长城，自造阳至襄平。"造阳在今河北省怀来县的独石口，襄平就在今天的辽宁省辽阳北。这里所说的襄平，并不是指辽东郡的郡治，而是指辽东郡的全境。燕长城的修建时间大约在公元前290年。当时活动在我国北方草原地带的游牧部落，势力相当强大。北方寒冷而干旱，生产条件和生活环境不如南方。为了抵御北方游牧部落的南侵和保证长城以内各族人民的和平文化交流，燕国设置了北方五郡后，下令修筑长城。

燕长城分为内线长城和外线长城。根据铁岭、桓仁发现的一些燕国遗址，可以推断燕外线长城北线的大概走向是经彰武、法库、清源、新宾、桓仁、宽甸等县过鸭绿江，直到长城的终点。秦始皇时期修筑的古今闻名的万里长城在辽宁的一段就是把燕国的这段旧长城修复和连接在一起的。

燕长城的特点：其一，石筑城墙；其二，土筑城墙；其三，利用天然屏障稍加垒砌成石墙。

（2）燕 城

燕人在辽宁的城址较多，已发现的有二三十座，有的是郡县官署所在地，有的是燕军屯戍的城堡。其中最著名的是襄平古城（今辽阳），它既是当地的政治、经济、文化中心，又是统辖辽东地区居民、镇抚各部少数民族的重镇。

（3）燕人铁制农具

辽宁的铁器应当是燕国人传入的。辽东出土战国时期铁器的遗址有抚顺莲花堡遗址、宽甸县双山子遗址。

(4)燕货币

东北最早使用的货币，应当从燕国人的货币开始。

2. 秦长城

秦统一中国后，实行郡县制，在辽宁地区仍设置右北平、辽西、辽东等郡。右北平郡属县十六，辽西、辽东属县共计二十九。秦制各郡均设“守、尉、监”管理郡事，郡守治民，郡尉典兵，郡御史监督官民。分工明确，与燕之郡守以武官充任不同。从秦的郡县设置来看，说明秦比燕加强了对今天辽宁的统辖。

为了巩固秦王朝的统治，秦始皇下令将战国时期各国修筑的长城拆除，只保留秦、赵、燕北部长城，并加以利用连缀，筑起了秦统一后的北部整体长城，以防北方的游牧民族向经济和文化发达的中原地区进行掠夺和侵扰。秦长城西起临洮，东至辽东，绵延万余里。

3. 汉长城

汉承秦制，在辽宁的建制基本上是秦朝的继续，仍置右北平、辽西、辽东三郡。到了东汉，在辽西和辽东之间又增设了辽东蜀国，在今阜新、彰武一带。

据大量的史料记载和考古发掘表明，西汉和东汉都曾修筑过长城。今天辽宁境内的汉长城遗迹多位于辽西。

4. 汉代古城址

今天，在辽东留下了很多汉代城址，如丹东叆河尖西安平县城址、辽阳旧城址。

在丹东叆河尖西安平县城址中，出土了西汉时期的陶制日用器皿、板瓦、五铢钱和箭镞。最重要的是，在这里出土了一块灰陶圆瓦当，有双线界格的铭文“安平乐未央”5个字。这说明，这座古城址就是汉代的“西安平县”古城。《汉书·地理志》明确记载：“马訾水（今鸭绿江）……西南至西安平入海。”该城址恰好位于鸭绿江下游，临近入海口，故又有“安平口”之称，成为当时辽东东部海陆交通干线上的一个重镇。

5. 文　物

(1)宽甸出土的秦代铜戈

1975年，在宽甸县太平哨乡小挂房村东部的东岗山脚下，发现了一处秦代遗址，出土的文物中有两件铜戈（兵器）和秦代货币

"一化"圆钱。铜戈上有3处刻铭，根据刻铭可以推知，它是辽宁地区第一次出土明确为秦代的兵器。

（2）辽阳汉魏壁画墓

墓室壁画，是画在古代墓室四壁、顶部以及墓道的壁画。它兴起于西汉早期，流行于东汉。汉族的丧葬礼仪，是从周礼传袭演化而来的。周礼主张"生则敬养，死则敬享"，孔子也说过："生事之以礼，死葬之以礼、祭之以礼。"按照这一传统，古代的葬礼是很庄严的。有些富豪官宦人家，人在世时就营造墓室。特别是东汉时期实行察举孝廉的制度，它是人们踏上仕途的必经之路。因此，很多人竭尽所能，为父母或自己修建坟墓，在模拟活人居住的地下墓室壁画上，大量绘制表现生前权势、威仪和财富的生活情景，以期获得"孝"的声誉。墓室壁画，就是在这一思想基础上和社会条件下发展起来的。

在辽宁地区，两汉时期的汉人古墓很多。据初步统计，现已发掘的汉代古墓有千余座，其中最有价值的是壁画墓，尤以辽阳地区的壁画墓为最。

早在1920年就在辽阳发现了壁画墓，此后又有发现，总计20多座，其中9座被列为国家级重点文物保护单位，集中分布在辽阳市郊的棒台子、三道壕、北园一带。壁画直接绘于墓室的石壁上，篇幅有大有小，大的几壁相连，小的独自成幅，色彩鲜明。其内容以表现墓主人的经历和生活题材为主，分布的情况和规律是：墓门的两侧是门卒和门犬；前室多绘制场面巨大的百戏和乐舞；后室和回廊绘制墓主人的车骑出行图；后回廊一般绘有乐舞百戏、门阙、宅院以及属吏；耳室和小室则绘有墓主人的宴饮和庖厨图；各室的顶部绘有流云纹图。

汉魏壁画墓具有很高的历史价值和艺术价值，是古典现实主义的杰出作品。从壁画的布局和结构来看，既有变化，又紧密统一。用墨有浓有淡，线条有粗有细，善于处理大群人物和多样的事物，准确表达了每个人和事物的特征。色彩变化复杂，形象生动逼真，是了解当时辽东贵族豪门的经济、文化、生活等方面的珍贵资料。汉魏壁画墓反映了东汉末年、魏晋初年辽东强宗大族的生活情景，也反映了当时提倡孝道和厚葬，人们头脑中"事死如生"的封建迷信思想。汉魏壁画墓对于研究汉魏时期的社会生活、军事装备、建筑艺术和文化生活，提供了极其丰富的历史资料。

如今，在辽阳汉魏壁画墓的出土地，已经建立了辽阳壁画墓群旅游区。

（3）铜　镜

铜镜往往蕴含深刻的哲理。最早关于铜镜的记载，几乎都是以镜为鉴，引申出以人为鉴等道理，即所谓“以铜为鉴，可以正衣冠”。后来，官府衙门的大堂上都挂有“明镜高悬”“秦镜高悬”的大匾，寓意明辨是非、公正无私。唐代帝王还经常把铜镜赐给政绩卓著、作风清廉的官员，以示奖励和鞭策。

我国制镜的历史十分悠久，自青铜时代初期开始，历经商周、秦汉、隋唐，迄于明清，长期流行，其中以汉代时期最为鼎盛。到了乾隆以后，由于玻璃镜的大量出现，铜镜就完成了历史使命而退出历史舞台。在我国，甘肃省和青海省出土的公元前2000年齐家文化的两枚铜镜，是迄今发现最早的铜镜。

辽东出土的汉代铜镜是辽阳三道壕1号墓出土的规矩鸟纹镜。

（四）魏晋南北朝时期

魏晋南北朝时期的时代背景是：魏晋南北朝从220年东汉灭亡开始起，到589年隋朝完成统一时止。在这段历史时期内，除两晋时期国家形成短暂的统一外，其余基本处于大分裂、大动荡时期。由于中原地区豪强四起，群雄逐鹿，各霸一方，边境各少数民族逐渐向内地迁移。特别是北方各族纷纷南移，各自建立了地方政权。在此阶段的重要史实是：公孙氏雄踞辽东。

东汉末年，在中原地区形成群雄割据的同时，辽东地区的公孙度也控制了一方军政大权，利用东北有利的地理位置，以襄平（今辽阳）为中心，建立了一个势力较为强大的封建割据政权。

189年，权臣董卓任命公孙度为辽东太守，这成为公孙氏雄踞辽东的开端。第二年，公孙度自立为辽东侯，称平州牧，州府设在襄平。平州的设置，使东北第一次从幽州治下分离出来，成为一个独立的地方政区。他把辽东分为辽东、中辽、辽西三部。238年，魏明帝派兵攻打辽东。公孙渊父子在突围中被斩杀于梁水（今太子河），公孙氏政权灭亡，辽东郡并入魏国版图。

魏晋南北朝时期的辽东地域文化是跨越了东汉末年、魏晋初年的辽阳汉魏壁画墓（在“战国秦汉时期”已经介绍过，不再赘述）。

（五）隋唐时期

隋唐时期的时代背景是：隋唐时期始于581年，止于907年，是我国封建社会的昌盛时期。国家统一，民族融合，经济、文化高度发达。这一时期，在东北地区活动的少数民族主要有高句丽、靺鞨等族。高句丽是西汉到隋唐时期东北地区出现的一个有重要影响的少数民族，与中原政权的关系总的来说是一种附属关系。靺鞨长期生活在白山黑水之间，其建立的渤海国是唐王朝在东北地区的地方政权。

高句丽生活在东北地区，具有悠久的历史。公元前37年，高句丽在纥升古城（今桓仁县五女山城）建立了都城，当时仅在浑江、鸭绿江中游占据了一小片土地。东汉末年，高句丽乘内地混乱趁机发展壮大自己，屡次向辽东邻近地区扩张，东晋时势力已达到朝鲜半岛，并将都城由丸都城（今吉林集安）迁到平壤。到隋唐时期已经占据了吉林东南部、辽河以东和朝鲜半岛北部等地区。高句丽王朝是高句丽族建立的一个地方政权，它对中原政权时服时叛。唐朝于668年收复辽东全境，高句丽国前后共存在705年。

靺鞨，是居住在我国东北部粟末水（今松花江）与黑水（今黑龙江）一带的部落。它的先世，西周、春秋时称肃慎，战国、秦汉、三国时称挹娄，两晋时又称肃慎，南北朝时称勿吉，隋唐时称靺鞨。

渤海国为粟末部的靺鞨人所建立的地方政权，与唐朝往来密切，中原地区高度发达的经济文化传播，促进了渤海国日益兴盛。渤海国前后达229年，直到926年被大辽国所灭。

隋唐时期的辽东地域文化有：

1. 高句丽山城

（1）抚顺高尔山山城高句丽新城

（2）辽阳燕州城山城

（3）丹东凤凰山城

上述内容将在第六章“辽东地域的人文景观”中详述。

2. 展示高句丽风貌的珍贵文物

（1）兵 器

在高句丽出土的遗物中，兵器占有很大比重。主要有弓箭、铁矛、铁甲、马具等。这与高句丽人一直重视发展军事力量，钟爱兵器，生前随身携带兵器，死后也大都用兵器陪葬有关。

（2）陶 器

高句丽统治阶级重视修筑宫殿，贵族的宫殿十分富丽堂皇。大约3世纪中晚期，高句丽人借助汉族工匠，开始生产瓦当。到了4世纪末，高句丽人已能制作用于宫殿的具有本民族特色的瓦当了，形成了高浮雕、高边缘、多红色的特征。5世纪上半叶又出现了专门为修建陵墓而制造的黑色瓦当。高句丽国使用瓦当有着严格的等级制度，黎民百姓只能以草结庐，禁用瓦当；王公贵族生前的宫殿宅邸须用红瓦当，死后的陵墓用黑灰瓦当。

（3）石器和铜器

在高句丽古城遗址的出土文物中，时间跨度最大的当属石器和铜器，尤其是铜器。高句丽建国后的一段时间内，农业和渔业生产还使用石质工具。

（六）辽金元时期

辽金元时期开始于907年，止于1368年，是我国封建社会进一步发展时期。这一时期，民族关系复杂，政治斗争激烈，少数民族先后建立了辽、金、元等政权。

辽金元时期的辽东地域文化有：

1. 东北地区最高的砖塔——辽阳广佑寺白塔

辽阳广佑寺白塔为密檐式塔，八角十三层，通高70.4米，是全国六大高塔之一和东北地区最高的砖塔。

2. 抚顺高尔山辽塔

抚顺高尔山上原有两座辽代古塔，现仅存一座，为密檐式塔。

上述内容将在第三章“辽东地域的宗教文化”中详述。

（七）明　朝

明朝是继汉朝、唐朝之后又一个影响较大的封建王朝。1368年建立，同年元朝灭亡。元朝灭亡后，在辽东地区仍有许多元朝的残余势力，威胁着新生的明朝。为此，朱元璋对统一辽东采取了以武力做后盾、招抚与征伐相结合的政策，使辽东的元朝残余势力逐步瓦解，到1387年基本肃清。明朝统一辽东后，采取各种措施加强对这里的管理。明洪武四年（1371年），在辽阳设立了“辽东都指挥使司”，管辖辽东地区。此后，为抵御北方少数民族的侵扰，修筑了辽东边墙。

明朝时期的辽东地域文化有：

1. 辽东边墙

明朝辽东边墙始建于明永乐年间（1403—1425年），是西起山海关、东迄辽宁宽甸县鸭绿江边的一段明长城的总称，全长1960余里。辽东边墙按其地理位置和修筑年代，可以分为三部分。第一，辽河流域边墙，是三段边墙中修筑时间最早的，始建于明永乐年间，其形内凹，略如“V”字形，从广宁（今辽宁北镇）镇静堡（今辽宁黑山西北）起到开原镇北关（今开原东北莲花街村）止，长700余里，边墙沿线墩台林立。除西部有一小段石墙外，其余全线皆为夯土版筑城墙。第二，辽西边墙，修筑于明正统年间，由王翺、毕恭主持修建，从山海关外的铁场堡吾名口（今绥中西南铁厂堡吴明口）起至广宁镇静堡止，长870里。其间既有夯土墙也有石墙，还有山险无墙，形势相当险要。第三，辽东东部边墙，修筑于明成化至万历年间，由韩斌、周俊、李成梁先后主持修建工作。其行经路线，从开原镇北关起到丹东鸭绿江畔宽甸江沿台（今宽甸县南境虎山），边墙结构有劈山石墙、土墙、木柞墙。

辽东边墙是明代防御兀良哈蒙古和女真各部的军事工程，沿线计有边堡98座，墩台849个，边堡驻军从五六百人到四五十人不等。在这千里防线上，十里一堡，五里一台，雄关、隘口林立，烽火台、瞭望台星罗棋布，形成一道坚固的防线，是保卫京师北京的重要屏障。明朝后期在与女真族的战争中，辽东防务更为重要，明廷派重兵驻守辽东边墙。最后，清军就是跨过辽东边墙由山海关入关的。

2. 明代万里长城的东端起点——虎山长城

虎山长城是明长城的东部起点，位于鸭绿江畔，与朝鲜隔江相望。20世纪90年代初，文物考古部门发掘出虎山南北连绵不断的长城墙体和墙基，经过罗哲文等一大批长城专家学者实地考察后认定为万里长城的东端起点，使教科书中的传统说法得以改写，政府部门也随即组织展开了大规模的修复工作。现在看到的虎山长城，就是依据1992年通过的《虎山长城修复设计方案》，在明长城遗址上修复起来的。虎山长城现已修复1250延长米，拥有过街城楼、烽火台、敌台、战台、马面等十二景。

3. 萨尔浒古战场遗址

萨尔浒之战是1619年（明万历四十七年，后金天命四年）二三月间，在明朝与后金的战争中，努尔哈赤在萨尔浒（今辽宁抚顺东大伙房水库附近），以及萨尔浒附近地区大败明军四路进攻的反击战，是明朝与后金辽东战争中的战略决战。此战役是明清战争史上一个重要的转折点，是明清兴亡史上一次具有决定性意义的战争，是以少胜多的典型战例。

今天，沧海桑田的变幻，萨尔浒古战场遗址已不复存在，呈现在眼前的是以著名的萨尔浒风景名胜为依托的萨尔浒风景名胜区。景区总面积达268平方公顷，分八大景区。这里山清、水碧、洞古、石奇，既有云山淡淡、烟水悠悠的湖泊水乡风貌，又具峰峦叠嶂、溪谷纵横的山岳景观，更具得天独厚的明清历史文化内涵。附近有水域面积达110平方公里的大伙房水库，以萨尔浒风景名胜为依托，正成为辽东一个引人注目的山岳湖泊旅游胜地。人们在此抚今追昔，似能感受到近400年前的硝烟弥漫。

（八）清　朝

在明朝统治江河日下的时候，散居在辽宁的建州女真迅速崛起。建州女真的首领努尔哈赤凭借其优秀的组织和军事指挥才能逐步统一了女真各部，并于1616年在今辽宁新宾正式建立了地方割据政权——大金（史称后金）。1619年，经过萨尔浒之战，后金取得了战略进攻的有利地位。1621年，后金大军攻克沈阳，进而夺取辽阳，先迁都至辽阳，后又迁都至沈阳，进一步巩固了东北地区的统治地位。1627年皇太极继位后，在政治、经济和思想文化等方面大胆进行改革，基本完成了后金社会由奴隶制向封建制的过渡。1635年，皇太极宣布废除“女真”称号，定族名为“满洲”。1636年，皇太极去汗号，正式称帝，改国号为“大清”。1644年，福临继位，同年由摄政王多尔衮率清军入关，定都北京。夺取全国政权后，盛京为留都，仍然作为东北地区的政治经济中心。

清朝时期的辽东地域文化突出体现在“前清文化史迹”上。

1.“清三京”

“清三京”即后金政权先后建立的几个都城：兴京——赫图阿拉城，东京——辽阳，盛京——沈阳。

2.“清初关外三陵”之首——清永陵

清永陵是清朝皇帝的祖陵，位于辽宁省新宾满族自治县永陵镇西北启运山脚下，北依启运山，南临苏子河，对峙烟筒山。始建于明万历二十六年（1598年）；后金天聪八年（1634年）称兴京陵，清顺治十六年（1659年）尊为永陵。

清永陵在建筑形制、布局、造型、工艺上都有自己的建筑特点和艺术特色。1988年被公布为全国重点文物保护单位，2004年被列入世界文化遗产名录。

（九）近现代时期

自1840年鸦片战争爆发至今，辽宁进入了近现代历史发展时期。其间，经历了甲午战争、日俄战争、奉系军阀的统治、“九一八”事变、辽沈战役、抗美援朝战争等。

近现代时期的辽东地域文化有：

（1）曹雪芹纪念馆

（2）辽阳博物馆

（3）元帅林

（4）抗美援朝纪念馆

（5）雷锋纪念馆

（6）本溪（溪湖）煤铁工业遗址博览园

（7）南芬万人坑纪念地

（8）本溪平顶山

（9）抚顺战犯管理所

（10）抚顺平顶山惨案遗址纪念馆

以上内容绝大多数属于红色旅游资源，将在第六章“辽东地域的人文景观”中详述。

第二节 辽东地域文化的特点

结合第一节“辽东地域文化的形成与发展”，可将辽东地域文化的特点概况为如下几点：

第一，历史悠久；

第二，有延续性；

第三，各个历史时期有其独特性；

第四，与其他地域文化保持着共性，如长城；

第五，有鲜明的民族性，以少数民族满族为代表；

第六，有独特的地域性，沿海、多山；

第七，与经济、政治息息相关；

第八，历史文化、饮食文化、海洋文化、宗教文化、少数民族文化等各种文化现象共存；

第九，多样性、融合性、不断发展进步、开放性、包容性；

第十，满族文化不断弱化，不断被汉化；关东文化；受齐鲁、燕赵文化的影响。

总结起来，辽东地域文化具有下述几个鲜明的特征：

第一，资源品位高，以世界文化遗产五女山山城、清永陵为代表；

第二，前期文化史迹丰富，如“清三京”中的兴京——赫图阿拉城、东京——辽阳，“清初关外三陵”之首——清永陵等；

第三，少数民族的民俗事象丰富多彩，个性鲜明，如满族、朝鲜族民俗；

第四，辽东拥有我国最大的边境城市——丹东，拥有满族的发祥地和清文化的源流，拥有奇山秀水的自然风光和厚重的历史文化。

第二章　辽东地域的民俗文化

辽东地域的民俗文化事象丰富，既包含节庆民俗，又包含以满族、朝鲜族为代表的少数民族民俗。

第一节　辽东地域的节庆民俗

节庆民俗是众多民俗事象中的一类，大致分为传统节庆、新兴节庆和外来节庆。辽东地域的传统节庆民俗与中华民族的传统节庆民俗是一脉相承的。

一、传统节庆民俗

我国传统节日与岁时节庆是我国农耕文明的伴生物，它是在漫长的历史进程中逐渐形成的特定时日。我国传统民俗节日具有稳定的民族性、群体性、原创性、社会性、草根性、本土性。岁时节庆、节日风俗是一种综合性的民俗活动，包含的内容有信仰、生产、生活、礼仪、社会活动的俗信等。

如今，外来文化的冲击，如圣诞节、情人节、感恩节、愚人节、父亲节、母亲节等的传入，使我国的传统民俗节日受到了挑战，一些节日民俗及民间文化艺术或萎缩，或淡化。

辽东地域的传统节庆与我国传统节日是一致的。以下选取春节、元宵节、二月二、清明节、端午节、七夕节、中秋节、重阳节、腊八节等做专题介绍。

1. 春　节

春节，俗称“过年”，是我国民间最盛大、最热闹的一个传统节日，也是象征着团结、兴旺，对未来寄托新的希望的佳节。其历史悠久，古代称“元日”“元旦”“新年”。新中国采用国际通用的公元纪年，阳历1月1日称“元旦”，农历正月初一正式定名为“春节”。

我国农历，正月初一是“岁之元，月之元，时之元”，是一年的开始。春节一般指除夕和正月初一。但在民间，传统意义上的春节是指从腊月初八的腊祭或腊月二十三的祭灶，一直持续到正月十五元宵节，其中以除夕和正月初一为高潮。

春节是个欢乐祥和、亲人团聚的日子，离家在外的人在过春节时一般都要回家欢聚。年三十这天，也是人们吃、喝、玩、乐的日子。北方人包饺子，南方人做年糕。水饺形似“元宝”，年糕音似“年高”，都是吉祥如意的好兆头。

晚上，也就是“除夕之夜”，是新旧交替的时候，全家人欢聚在一起，吃一顿丰盛的“年夜饭”，有一家人团聚过年的味道。吃团年饭时，桌上的“鱼”是不能少的，因为这代表“富裕”和“年年有余”，象征来年的“财富与幸运”。

守岁是当晚最重要的活动之一。全家老少一起熬年守岁，欢聚酣饮，共享天伦之乐。如今守岁熬年的旧俗中，又增加了欣赏中央电视台春节联欢晚会等新内容。按旧俗，除夕夜的灯火，通宵不熄，俗称“光年”。

午夜时分，当零点的钟声响起，家家户户竞相燃放烟花爆竹，辞旧迎新，将节日的喜庆气氛推向高潮。

大年初一，当新的一年开始时，男女老少都穿着节日盛装，先给家族中的长者拜年祝寿，年长者要给年幼者发“压岁钱”，吃团年饭，第二天以后就开始走亲戚看朋友，相互拜年，道贺祝福，祭祖等。如今又增加了新内容：电话拜年、电子邮件拜年以及电话短信、微信拜年等已成时尚。

节日的热烈气氛不仅洋溢在各家各户，也充满了各地的大街小巷，一些地方的街市上还有扭秧歌、舞狮子、耍龙灯、跑旱船、踩高跷、演社火、游花市、逛庙会等习俗。这期间花灯满城，游人满街，热闹非凡，盛况空前，直要闹到正月十五元宵节过后，春节才算真正结束。

春节是汉族最重要的节日，满、蒙古、瑶、壮、白、高山、赫哲、哈尼、达斡尔、侗、黎等十几个少数民族也有过春节的习俗，只是过节的形式更有自己的民族特色，更韵味无穷。

如今，春节等重大节日已被国家公布为第一批国家级非物质文化遗产。

【补充阅读1】关于春节的歌谣

腊月二十三，祭灶官；腊月二十四，扫房子；腊月二十五，拐豆腐；腊月二十六，割块肉/杀年猪；腊月二十七，杀年鸡；腊月二十八，蒸枣花；腊月二十九，蒸馒头/去打酒；腊月三十，贴门齐。

2. 元宵节

农历正月十五，是我国民间传统的“元宵节”。正月为元月，古人称夜为“宵”，元宵节即春节之后的第一个月圆之夜，又称“上元节”，是庆贺新春的延续，将从除夕开始延续的庆祝活动推向又一个高潮。

元宵节吃元宵始于宋朝，意在祝福全家团圆和睦，在新的一年中康乐幸福。元宵分实心和带馅两种，有香、辣、甜、酸、咸五味，可以煮、煎、炒、油炸或蒸制。用的面除江米面外，还有黏高粱面、黄米面等。馅则有桂花白糖、山楂白糖、什锦、豆沙、枣泥等。元宵在南方称“汤圆”“圆子”。吃元宵象征家庭像月圆一样团圆，寄托了人们对未来生活的美好愿望。

元宵节观灯始于公元1世纪，在一元复始、大地回春的节日夜晚，天上明月高悬，地上彩灯万盏，人们赏灯、猜灯谜、吃元宵，合家团聚，其乐融融。

3. 二月二

二月二，又叫“春龙节”或“踏青节”。“春龙节”意为天上主管云雨的龙王爷抬头的日子，从此以后，雨水会逐渐增加起来。我国北方广泛流传着“二月二，龙抬头；大仓满，小仓流”的民谚。

“二月二”是我国汉族民间传统节日，流行于全国多数地区，苗、壮、满、侗、黎、畲、布依、赫哲、鄂温克等少数民族也过此节。

此节风俗活动较多，主要民俗活动有：讲求在这一天剃头，叫剃龙头；妇女要停止针线活，因怕刺伤了龙眼；清晨要用长杆敲击房梁，把龙唤醒；新媳妇要回娘家等。

主要食俗有吃面条、春饼、爆玉米花、猪头肉等。虽然不同地域有不同的吃食，但大都与龙有关，普遍把食品名称前加上“龙”的头衔，如吃水饺叫吃“龙耳”，吃春饼叫吃“龙鳞”，吃面条叫吃“龙须”，吃米饭叫吃“龙子”，吃馄饨叫吃“龙眼”，喝茶要喝龙井等，一切活动都为了祈求神龙保佑风调雨顺、五谷丰登、合家平安。

如今，对于“二月二，龙抬头”的一些文化内涵，例如古人对龙的崇拜（认为龙是天子的象征，是祥端之物，更是和风化雨的主宰）、“龙抬头”在古天文学上的唯物解释等，是仍然具有研究价值的。

4. 清明节

“清明节”，又称“踏青节”，是我国最重要的祭祖和扫墓的节日，在阳历的4月4日至6日之间。扫墓俗称上坟，是祭祀死者的一种活动，汉族和一些少数民族大多都是在清明节扫墓。扫墓时，人们要携带酒食、果品、纸钱等物品到墓地，将食物供祭在亲人的墓前，再将纸钱焚化，为坟墓培上新土，折几枝嫩绿的新枝插在坟上，然后叩头行礼祭拜。唐代诗人杜牧有首诗《清明》写道：“清明时节雨纷纷，路上行人欲断魂。借问酒家何处有？牧童遥指杏花村。”写出了清明节的特殊气氛。

清明节恰逢阳春三月，春光明媚，桃红柳绿，一派欣欣向荣的气象。其间，民间还有荡秋千、放风筝、拔河、斗鸡、戴柳、斗草、打球等传统活动。

【补充阅读2】中国三大鬼节

清明节、七月十五中元节、十月初一寒衣节（原为十月十五下元节）。

5. 端午节

农历五月初五，是我国传统的端午节。“端午”本名“端五”，端是初的意思，“五”与“午”互为谐音而通用，又有“端阳节”“五月节”“粽子节”之称。这一天，又是我国历史上伟大的爱国诗人屈原投江殉国的日子。传说端午节有吃粽子、划龙舟等风俗，就是为把粽子投入江中祭祀屈原而来的，屈原投江后，沿江百姓不忍屈原尸体被蛟龙所吞食，便造龙舟争相竞捞，并鸣锣擂鼓驱赶蛟龙。经过漫长的岁月，这一举动便逐渐演化成为今天文体活动内容的赛龙舟了。

端午节的主要习俗有：家家户户吃粽子；小孩佩香囊（避邪驱瘟之意）及五色线；家家门楣插艾条、菖蒲等，以期驱瘴（端午节时近夏至，天气转热，空气潮湿，百毒齐出，蚊虫滋生，疫病增多，故有民谣“清明插柳，端午插艾”）。有的地方还要洒扫庭院、饮雄黄酒、杀菌防病、洗药浴以及进行祭奠、庆贺、赛龙舟等。如今，赛龙舟已突破了时间、地域限制，成为国际性的体育赛事。

【背景知识1】屈原

屈原，春秋时期楚国人，倡导举贤任能，富国强兵，力主联齐抗秦，遭反对，被流放。写有《离骚》《天问》《九歌》。公元前278年，秦攻破楚国京都，屈原于五月初五日写下绝笔《怀沙》后，抱石投汨罗江。

6. 七夕节

“七夕节”，即“七夕乞巧”。每年七月初七，是传说中牛郎织女从鹊桥渡天河相会的日子。人们心中的织女是个勤劳善良、心灵手巧的天仙，所以七月初七这天晚上，年轻的姑娘和少妇都要出来行拜祭的礼仪，并向织女乞巧，希望自己也能像织女一样有双灵巧的手，有颗聪慧的心，会过上幸福美满的生活。因为“七夕节”是姑娘、妇女重视和珍爱的节日，所以又叫“女儿节”或“乞巧节”、“七夕情人节”，是我国传统节日中的妇女节。

七夕节有吃巧食的风俗。巧食的内容有瓜果和各式各样的面点，各地风俗不一。各种巧食做成后，都要陈列到庭院中的几案上，好像要请天上的织女来品评。然后大家一面观赏着遥远的夜空，一面吃着各种巧食，认为这样会使人变得灵巧。汉代时，民间便开始向织女乞巧了。不但祈求心灵手巧，还祈求得到财富、有美满甜蜜的婚姻和早生贵子。

7. 中秋节

农历八月十五，是一年秋季的中间，因此称为“中秋节”或“仲秋节”（我国农历一年分四季，每季又分孟、仲、季，因此中秋也称“仲秋”），是我国仅次于春节的第二大传统节日。中秋之夜，除了赏月、祭月、吃月饼，有些地方还有舞草龙、砌宝塔等活动。除月饼外，各种时令鲜果、干果也是中秋夜的美食。每当中秋月亮升起，人们于露天设案，将月饼、石榴、枣子等瓜果供于桌案上，拜月后，全家人围桌而坐，边吃边谈，共赏明月。

在我国，古人把圆月视为团圆的象征，中秋，月色皎洁，人们仰望如玉如盘的明月，自然会期盼家人团聚。所以，中秋又称“团圆节”。古往今来，人们常用“月圆”“月缺”来形容“悲欢离合”，客居他乡的游子更是以月来寄托深情。唐代诗人李白的“举头望明月，低头思故乡”，杜甫的“露从今夜白，月是故乡明”，宋代王安石的“春风又绿江南岸，明月何时照我还”等诗句，都是借月亮表达思乡之情的千古绝唱。

月饼，主要以瓜果、豆角、枣子等做馅，圆形，较厚，饼面上有装饰图案，用于自食和赠送亲朋好友，以表达团圆和祝贺之意。

【背景知识2】八月十五月儿明

八月十五的月亮比其他各月的满月更圆，更明亮，因为中秋夜时月亮距地球最近。

8. 重阳节

农历九月初九为我国的“重阳节”，我国古代以九为阳，九月九日正是阳月阳日，故名“重阳”。重阳节的活动极为丰富，有登高、赏菊、喝菊花酒、吃重阳糕、举行庙会、插茱萸等习俗。唐代诗人王维有《九月九日忆山东兄弟》一诗：“独在异乡为异客，每逢佳节倍思亲。遥知兄弟登高处，遍插茱萸少一人。”记载了当时的风俗习惯。由于该诗感情真挚，至今脍炙人口。

“重阳节”又是“老人节”，老人们在这一天或赏菊以陶冶情操，或登高以锻炼体魄，给桑榆晚景增添了无限乐趣，也反映了中华民族尊老爱幼的优良传统。

【背景知识3】茱萸

茱萸是一种中药的果实，重阳节插茱萸的目的是除虫防蛀。

【背景知识4】重阳节为什么又叫老人节?

九九重阳，与“久久”同音，有长久长寿的含义。秋季是收获的黄金时节，因此重阳节寓意深远。1989年，我国把每年的九月初九定为老人节，传统与现代巧妙结合，成为尊老、敬老、爱老、助老的节日。

9. 腊八节

古代十二月祭祀众神叫“腊”，因此农历十二月叫腊月。腊月初八这一天，传说释迦牟尼得道成佛，因此寺院每到这一天都要煮粥供佛，以后民间相沿成俗，发展成节，直至今日。腊八节要喝腊八粥，最早的腊八粥只是在米粥中加入红小豆，后来演变得极为复杂考究，主料有白米、黄米、江米、小米、菱角等数十种，添加核桃、杏仁、瓜子、花生、松仁、葡萄干、桂圆肉、百合、莲子等，通宵熬煮，香飘十里。此外，民间还有泡腊八蒜的习俗。

二、新兴旅游节庆活动

近年来，随着我国改革开放步伐的加快和旅游事业的推进，各地在传统民俗节庆的基础上，又举办了许多新兴的节庆活动。

新兴旅游节庆活动具有如下特点：

第一，资源的依托性；

第二，鲜明的地方性；

第三，形式的多样性；

第四，参与的广泛性；

第五，功能的综合性。

现将辽东地域最具代表性的主要新兴旅游节庆活动进行梳理，介绍如下：

1. 丹东鸭绿江国际旅游节

丹东市是我国最大的边境城市，它沿边、沿海、沿江，具有自然和人文旅游资源的优势；同时丹东市气候适宜，冬无严寒，夏无酷暑，市内街道两侧银杏成荫、杜鹃满城，是旅游度假的好去处。丹东市通过举办大型的国际旅游节，可以充分展现“新世纪，新丹东”的城市风貌，在树立良好的城市形象、扩大对外开放和促进经济社会发展方面已取得了初步成效。

丹东鸭绿江国际旅游节自2000年9月起开始举办，每年一届。它以旅游、文化和体育活动为载体，在旅游节期间，主要举办旅游交易会、经贸洽谈会、高新技术产品展览会、大型文艺晚会、千人畅游鸭绿江，另外还有皮艇、赛艇等水上运动以及丹东边境和赴朝鲜旅游等观光项目。鸭绿江国际旅游节自2000年开办以来，在各有关方面的大力支持和积极参与下，规模和档次不断提升，内容和形式不断丰富，影响力和知名度不断扩大，越来越受到国内外的广泛关注。

2. 抚顺满族风情国际旅游节

抚顺满族风情国际旅游节主要以抚顺丰富的满族历史文化遗产为依托。努尔哈赤建立的最早的都城——赫图阿拉城，目前旧址已按原样恢复；距赫图阿拉城5公里处就是清代著名的“关外三陵”之首——清永陵。同时，抚顺新宾县是满族的发祥地，数百年来形成了古朴的满族民俗风情，清前史迹集中，开发满族民俗旅游、组织满族民俗节庆活动的条件得天独厚。

抚顺市自1999年9月起开始举办满族风情国际旅游节。届时，有对满族文学史和萨满教的研讨，有丰富的满族文化和民俗展览，有满族历史文化长廊的演出，还可观看努尔哈赤“祭祖”和“登基”大典的盛况。此外，满族美食、民居、音乐、舞蹈等满族民俗系列活动令人耳目一新。同时还有旅游与经贸洽谈会、专场文艺演出等。开展这些活动对于弘扬满族文化、树立抚顺旅游城市的形象意义深远。

3. 本溪国际枫叶节

山城本溪除具有闻名的本溪水洞外，火红的枫叶越来越成为这座城市的形象代表。本溪枫叶是本溪山区特有的季节景观，它的规模之大、数量之多，在全国实属罕见。本溪国际枫叶节从1998年9月开始举办，打造了本溪的旅游文化品牌和城市文化品牌，进一步确立了本溪“枫叶之都”的城市形象，为加快本溪对外开放步伐打下了坚实的基础。枫叶节期间，关门山国家森林公园是观赏万山红遍的枫叶景观的绝佳去处。

此外，近年来，辽东各地结合自身的资源优势和景观特点，还举办了众多地方性的新兴旅游节庆活动，如大梨树知青文化节与金秋采摘节、宽甸河口桃花节、鸭绿江口湿地国际观鸟节、天桥沟枫叶节等。

【补充阅读3】大梨树知青文化节和金秋采摘节

“知青城里追忆激情岁月，花果山上采摘金秋硕果。”知青文化节和金秋采摘节已经成为大梨树景区精心打造的品牌旅游项目，深受游客的欢迎和推崇。

在大梨树知青城，可以看到似曾相识的青年点老院落，亲手触摸富有年代感的房间陈设，零距离接触易于勾起人们怀旧思绪的老物件，亲耳聆听大喇叭里播放的经典老歌。游客们还可以参与扒玉米、磨米面、簸簸箕、摇辘轳、挑水桶、纺草绳、铲地除草等多种劳作体验项目，在轻松娱乐中欢度旅游时光，感受知青文化的独特魅力。在知青城，游客们还可以穿上角色服装，自编、自导、自演一些小故事、小片段，演绎一下当年知青的劳动、学习、生活和娱乐情形，为旅游增添一些别样的情趣和色彩。

大梨树景区还在知青城里推出了丹东知青风采展，集中展示丹东及凤城地区知青的老照片、文学艺术作品、感人的上山下乡经历以及催人向上的励志人生故事。这个景观为丹东和凤城老知青提供了一个缅怀青春岁月、寻找老友故交以及对比今昔生活的媒介和平台。

设在路旁的知青签名栏和十米签名长绢，则为来自全国各地的老知青提供了方便，让他们将自己的情怀、感慨、感悟或箴言写在上面，风格迥异的留言和个性飞扬的签名定会成为一个吸引游人驻足观赏的看点。

知青城里还专门设置了“知青之家”，为各地老知青联络感情、沟通信息和开展联谊活动提供了便利条件。此外，“知青之家”的会员将享受一年期免费游览景区的待遇。

知青供销社是大梨树景区新近推出的旅游项目，一些带有知青符号或与知青相关的小物件、小商品等将在这里陈列销售，满足游客的观赏和消费需求。

大梨树景区万亩果园中的水果长势喜人，花果山上硕果满枝，秋白桃、圆黄梨、五九香梨、寒富苹果等水果相继成熟，一颗颗果实在枝头散发着成熟的香气，非常诱人。青山秀水、美味美景都已为“金秋采摘节”的火爆做好了准备。届时，慕名而来的游客提着果篮或者果袋，三五结伴地穿梭于林间树下，在欢声笑语中采摘心仪的鲜果，尽情享受亲近自然、亲手采摘的乐趣。游客们在品尝水果甘甜的同时，还会感受丰收的喜悦。

“双节”期间，大梨树景区推出了欢乐成长亲子游项目。在这一项目中，父母将有机会与孩子共同在景区度过两天亲密的时光，一起参加露营、乘船、采摘、寻宝、看演出、拍小戏、放河灯、做水果沙拉、玩密室逃亡、骑车环村游等十个体验项目。在休闲娱乐之中，孩子们将充分感受旅游的快乐与美好，感受父母浓浓的爱。

大梨树景区还爱心满满地推出了“爱在温暖——关爱留守儿童活动”。景区承诺，只要是留守儿童，无论是游览景区、参与亲子娱乐活动、制作小工艺品，还是参与贴饼子、包饺子、攥汤子、制作水果沙拉等各种趣味活动，全部享受免费待遇。将公益元素融入旅游项目，是大梨树景区回馈和反哺社会的爱心之举。这一举措赢得了人们的广泛赞赏，同时，也为大梨树旅游增添了温馨的色彩和感动人心的魅力，自然也是“双节”期间的一大亮点。

大梨树在“双节”期间，还推出了大胃王吃水果比赛、药王谷寻宝、太极拳表演、投币增寿比赛、劳动技能比赛、青年点庄稼院特色美食汇、微信集赞赠门票、露天放映老电影、篝火晚会以及知青演艺团体巡回演出等丰富多彩的主题活动，供游客自由选择、广泛参与，从不同角度感受大梨树旅游的惊喜、乐趣和魅力。

【补充阅读4】宽甸河口桃花节

河口景区位于宽甸满族自治县长甸镇境内，国家AAAA级旅游景区，距宽甸县城56公里，丹东50公里，是鸭绿江边香格里拉景色最优美的地方，素有“塞外江南”之美誉。现已开发长河岛、河口断桥和龙泉山庄三大景区，古朴纯真的农家情趣、浓郁的朝鲜族风情，吸引了海内外游客纷至沓来，流连忘返。这里青山隐隐，绿水悠悠，江面开阔，对岸是朝鲜青城郡，两岸一衣带水，鸡犬相闻，渔歌互答，构成了一幅和平宁静的风俗画。

河口最美的季节是春季，万亩桃花竞相开放，这时的河口真真正正成了桃花盛开的地方。著名军旅作家邬大为先生等人到河口采风时，被那漫山遍野的桃花深深吸引，挥笔写下了《在那桃花盛开的地方》，经蒋大为老师的传唱，火遍大江南北。下河口村绵延五千米的沿江山坡上，分布着多达万亩几十万株燕红桃树。春季里，漫山遍野的桃花粉红如霞，香气袭人，蔚为壮观；秋天，鲜桃压枝，硕果累累，令人垂涎。春秋两季的桃林，成为鸭绿江河口的一大亮丽景观。

第二节　辽东地域的民族民俗

民族民俗是各个民族所具有的包罗万象的民俗事象，如某一民族的服饰民俗、饮食民俗、居住民俗、信仰民俗、人生礼仪民俗等。

一、满族的民俗文化

满族主要分布在东北三省，其中辽宁最多。满族现有人口总数为495万人，辽宁拥有岫岩、新宾、清原、本溪、桓仁、宽甸6个满族自治县，从地域分布上来说绝大多数位于辽东。

1. 饮食民俗

满族饽饽，满族人喜欢吃黏食。饮食有饽饽席、萨其马、绿豆糕、苏叶饼、豌豆黄、牛舌饼、打糕、油炸糕、黏豆包等。满族人还喜欢吃猪肉、酸菜，比较有特点的菜肴是白肉酸菜血肠、火锅、酸汤子。

【背景知识5】满族饽饽

满族把一切干粮类食品都叫作饽饽。满族是渔猎民族，长期在野外捕猎和征战，携带黏食类饽饽，既省事又抗饿，慢慢地养成了在居家日常饮食中也吃饽饽的习俗，并且在婚丧礼俗以及祭祀祖先和敬神时也多用各种饽饽。

【背景知识6】萨其马

萨其马是满族的一种食物，清代关外三陵祭祀的祭品之一，原意是“狗奶子蘸糖”。将面条炸熟后，用糖混合成小块。萨其马是北京著名的京式四季糕点之一。过去在北京亦曾写作“沙其马”“赛利马”等。萨其马具有色泽米黄、口感酥松绵软、香甜可口、桂花蜂蜜香味浓郁的特色。

【背景知识7】酸汤子

酸汤子，又称汤子、馇子、搁豆子（做法略有不同），是满族夏季常吃的一种传统特色美食，流行于东北辽宁东部、吉林东南部及黑龙江一带，是用玉米水磨发酵后做的一种粗面条样的主食，口感细腻爽滑，营养又健康。

【背景知识8】白肉酸菜血肠

白肉酸菜血肠是满族传统食品，普遍为各族人民所喜爱，又是城乡居民杀年猪之后，宴请亲友的一道主菜。五花猪肉，切薄片，与细切的酸菜同时加水下锅，加入调料。开锅后，再投入已灌好、煮熟、切成小段的血肠，即成一菜。此菜香而不腻，营养价值极高。

酸菜历史悠久，一直是我国北方居民喜欢的一种越冬菜。酸菜最大限度地保留了原有蔬菜的营养成分，富含维生素C、氨基酸、膳食纤维等营养物质。由于酸菜采用的是乳酸菌优势菌群的储存方法，所以含有大量的乳酸菌。有资料表明，乳酸菌是人体肠道内的正常菌群，有保持胃肠道正常生理功能之功效。

2. 服饰民俗

（1）服饰。满族服饰是旗袍、坎肩、马褂、腰带。

旗袍满语为“衣介”，即长袍的意思，是满族最有特色的服装。现在的唐装是由马褂演变而来的。满族女式旗鞋俗称“花盆底鞋”，女人穿的衣服称为“一裹圆”，挂饰物有玉佩和香荷包。

（2）发式。满族男子的发式很有特点，是半剃半留，即前剃后留，留下的头发编成发辫垂于脑后；女孩多是梳辫子，额前留“刘海儿”，最有代表性的发式是“两把头”，清代中期，满洲贵族妇女开始盛行“旗头”，又称“旗头板”“大拉翅”或“大京样”。

3. 居住民俗

满族早期居住条件简陋，冬天居住“地窨子”，夏季居住“马架子”。“口袋房，万字炕，烟囱坐在地面上，窗户纸糊在外”是满族居住环境的突出特点。

“口袋房”，又叫“斗室”，因其形如口袋和斗形而得名。一般是3间或5间，坐北朝南，房顶用草苫，周围墙多用土垒成。门大多开在东边，也有的中间开门，称“对面屋”。进门便是伙房，又称外屋，西侧或东西两侧为里屋，即卧室。卧室筑有南、北、西三面构成的火炕，这是满族卧室的最大特点。火炕又称“转圈炕”“拐子炕”“蔓字炕”等，满语叫“土瓦”。一般南、北为宽炕，东端接伙房炕灶，西炕是窄炕，下通烟道。按满族习俗，西炕上供着神圣的祖宗板，因此不要说堆积杂物，就连贵客挚友也不能坐西炕。南炕温暖、向阳，一般由长辈居住；晚辈则住北炕。火炕既住人又取暖，深得满族群众喜爱。满族入关后，火炕在北方得到了更加广泛的推广。

满族的窗户分上、下两扇，高丽纸糊在窗户外面，糊之前，把盐水和酥油搅拌成的比较稀的糊状物喷在高丽纸上，这样就可以防止被雨浸湿。“窗户纸糊在外”也是“东北三大怪”之一。

烟囱，满语称“呼兰”，建在屋侧，高过屋檐数尺，通过孔道与炕相通。除用空心木外，烟囱多用土坯或砖砌成。满族房门多为两层，内为两扇门板，有木制插销；外为单扇花格门，外糊以纸。

满族认为，“四世同堂”或“三世同堂”是件大喜事，同堂的辈行越多越光荣。因此，随着人口的增加，除正房外，又建有东西厢房和南向而中间留有门洞的门房，这种建筑及布局就是我们今天所称的“四合院”。其特点是：院内靠门洞的地方建一矮墙，称为“影壁”；影壁后竖一根八尺高左右、碗口粗的神杆，杆顶端挂有一锡制或木制的斗子；两厢南端是牲畜栏圈；正房后中间空地是菜圃，四周栽植果树或花卉；房屋四周围以横墙，自成院落，大户用砖石，小户用木栅。这样院连院，户连户，很自然地形成了堡子、营子和屯子。

4. 信仰民俗

满族人信仰萨满教或藏传佛教。

（1）萨满教的产生。萨满教的宗教活动主要是与自然崇拜、图腾崇拜和祖先崇拜有关的各种祭祀活动。

（2）萨满是神与人之间的终结者，他们的身份和地位十分特殊。

（3）满族与藏传佛教。为了巩固满、蒙之间政治上的联盟，满、蒙上层历来有通婚的惯例。由于蒙古族信仰藏传佛教（喇嘛教），所以喇嘛教很快传入满族。

（4）宗教仪式：根据祭祀主体的不同分为堂子祭和家祭。

堂子祭：堂子是清朝皇族爱新觉罗家族的萨满祭祀场所，所以堂子祭又叫国祭，凡官员庶民，禁止设堂子。

家祭：以家族为单位进行，因为多在春秋时节进行，所以又称为“春秋祭”。

满族人的主要禁忌：满族人以西为贵；敬狗，不杀狗，不吃狗肉；敬乌鸦，不许打骂乌鸦。

5. 人生礼仪民俗

满族的传统礼俗：“尊老敬上”是满族人礼仪的中心内容。同居的晚辈人要“晨昏定省”，就是每天早、晚都要给老人请安。

（1）日常礼节：请安和打千。抱腰大礼是满族中最亲密的大礼，常用于至亲的人久别重逢、重要宾客前来或重要的外交场合，这种礼节不分男女，都可施行，以表示亲昵。妇女见到长者，要行“抚鬓礼”“半蹲礼”。

（2）婚嫁礼俗：满族的婚娶礼俗十分繁杂，婚礼只有繁简之说，却是一定要举行的。满族人的婚娶仪式有四个基本程序：相看，合婚，放定，婚礼。

满族的生育习俗：

（1）落草：如果生的是男孩，就在大门的门梁上悬挂一张小弓和三支小箭；如果生的是女孩，就在门梁上悬挂一条红布，预示女儿心灵手巧。

（2）悠悠车：关东三大怪之一的“养个孩子吊起来”，是指满族人用来养育孩子的吊篮——悠悠车。

6. 游艺民俗

（1）歌舞艺术

满族歌舞分为民间歌舞、宫廷歌舞、祭祀歌舞。莽式舞是流传时间较长的满族民间筵席歌舞，庆隆舞是典型的清宫廷歌舞，鞑子秧歌在每年的正月十五表演。

（2）说唱艺术

八角鼓是满族最富有民族特色和民族风格的说唱艺术。八角鼓既是一种乐器，也是一种曲名，由八角鼓派生出来的单弦、评书、相声等曲艺艺术正在不断发扬光大。

（3）冰上运动

满族人居住在冬季漫长寒冷的东北，酷爱冰上运动。满族入关后，冰上运动继续保持，被称为“国俗”。踢形头是满族入关前后很盛行的一种冰上足球运动。

（4）香荷包和剪纸艺术

满族男子腰带上最有特点的一件绣品就是香荷包，成为满族贵族男子腰带上必要的装饰品，并且成为互相表赠的礼物之一。

剪纸艺术是满族古老的民间艺术，满族剪纸构图简洁、朴实生动、技艺精巧。

二、朝鲜族的民俗文化

朝鲜族，主要分布在黑龙江、吉林、辽宁三省，辽东地域多有分布。

朝鲜族人民具有悠久而优美的民族文化艺术传统，尤其是能歌善舞，节日或劳动之余，都喜欢用歌舞来表达自己的感情。家庭中遇有喜事，便高歌欢舞，形成有趣的“家庭歌舞晚会”。伽倻琴弹唱、顶水舞、扇子舞、长鼓舞、农乐舞等都是受人喜爱的传统歌舞节目。

1. 服饰民俗

女子婚前穿鲜红的裙子和黄色的上衣，婚后则穿红裙子和绿上衣，年龄较大的妇女，可在很多颜色鲜明、花样不同的面料中选择。朝鲜族妇女的短衣长裙，是朝鲜族服饰中最具传统的服装，也是朝鲜族妇女服装的一大特色。

短衣，以直线构成肩、袖、袖头，以曲线构成领条、领子，下摆与袖笼呈弧形，斜领、无扣、用布带打结，在袖口、衣襟、腋下镶有色彩鲜艳的绸缎边，颜色以黄、白、粉红等浅颜色为主。

长裙，是朝鲜族女子的主要服饰，腰间有长皱褶，宽松飘逸。这种衣服大多用丝绸缝制而成，色彩鲜艳，分为缠裙、筒裙、长裙、短裙、围裙。

男子一般穿素色短上衣，外加坎肩，下穿裤腿宽大的裤子。成年男子的上衣衣长较短，无纽扣，前襟两侧各钉有一飘带，穿衣时系结在右襟上方。他们还喜欢黑色外套或其他颜色的带纽扣的“背褂”即“坎肩”，多用绸缎做面，毛皮或布料做里，有三个口袋、五个扣，穿上显得特别精神。

朝鲜族男子爱穿“灯笼裤”，这种裤子裤长腰宽，裤裆、裤腿肥大。穿这种裤子便于在炕上盘腿而坐，随便轻松，裤腿系有丝带，外出时可以防寒保暖。

2. 饮食习俗

朝鲜族人民制作菜肴时采用的烹制方法主要是炒、烤、煎、烹、腌、生拌等。其中著名的菜肴有“辣白菜”“烤牛肉”“炝拌狗肉”“生拌牛肉”“抄八味”“香辣肉”等百余种。

朝鲜族人民的主食有风味独特的打糕、冷面、温面等。朝鲜族冷面采用的原料、加工方法、口味都别具一格。将特制的面条煮熟后放入冷水中过一下，然后放上辣白菜、香菜等蔬菜及几片熟牛肉，浇上蒜辣酱，再放上水果片、鸡蛋丝，最后浇上新鲜的凉牛肉汤，撒上炒熟的芝麻、味精，淋上香油，鲜辣冷香，美味绝伦。朝鲜族打糕是用糯米打制成的。将浸泡蒸熟的糯米放在案板上用木槌打成年糕状，中间夹豆沙馅，加上白糖制成，比一般年糕更加黏润爽口。它既可蘸糖吃，也可佐盐吃，清香爽口，是朝鲜族膳食的佳品。

3. 游艺民俗

朝鲜族人民具有悠久而优美的民族文化艺术传统，尤其是能歌善舞，节日或劳动之余，都喜欢用歌舞来表达自己的感情。家庭中遇有喜事，便高歌欢舞，形成有趣的“家庭歌舞晚会”。伽倻琴弹唱、顶水舞、扇子舞、长鼓舞、农乐舞等都是受人喜爱的传统歌舞节目。此外，荡秋千、跷跷板都是朝鲜族人民擅长的民间游艺竞技项目。

第三章　辽东地域的宗教文化

辽东地域的宗教文化以佛教文化和道教文化为主。

第一节　宗教概述

宗教是一种古老而又特殊的社会文化现象，是人类社会的意识形态之一。

一、宗教的产生

宗教产生于史前社会后期，它是一种古老而又特殊的社会文化现象。

1. 宗教的含义

“宗教”一词，源于印度佛教。佛教以佛陀之言为“教”，以佛弟子之言为“宗”，二者合称为“宗教”，意为崇尚、奉行佛陀及其弟子的教诲。

2. 对宗教的认识

作为一种古老而又特殊的社会文化现象，宗教是人类社会的意识形态之一。它是支配着人们日常生活的自然力量和社会力量以超自然、超社会的形式在人们头脑中的反映，是相信、崇拜并传播这种特殊的社会意识形态的社会实体。

3. 宗教产生的原因

宗教产生于史前社会后期，其根本原因首先在于当时社会生产力水平低下，人们在与自然作斗争的过程中感到无能为力。其次在于人们的无知与恐惧。因无法理解自然界的电闪、雷鸣、地震、火山爆发、洪水泛滥以及疾病与死亡等的原因，于是人们便产生了诸如“灵魂不死”“万物有灵”等观念，并幻想以祈祷、祭祀或巫术来影响主宰自然的神灵，形成早期的宗教仪式，原始宗教便应运而生。

4. 宗教的发展阶段

原始宗教经历了自然崇拜、图腾崇拜、祖先崇拜和神灵崇拜等一个渐进的发展过程，是一种自发宗教。原始宗教没有严格的组织形式，信仰者的地位是平等的，人们信奉原始宗教的目的主要有两个，一是祈福，二是免祸。

进入阶级社会以后，由于人们对诸如阶级压迫、贫富不均和自身的痛苦等无法解释和抗争，便产生了福祸命运由天定神令的观念，试图通过现世的忍让和顺从换取来世在天国获得恩赐或得到报偿。而统治阶级为了维护其统治地位，也开始有意识地利用宗教欺骗、麻痹被统治者。这样，自发的原始宗教逐渐演变、发展成为有组织、有目的的人为宗教。宗教成为具有崇拜对象、宗教信徒、宗教组织、宗教场所、宗教教义、清规戒律和祭仪制度等神学理论与实践的社会实体。

5. 宗教的特征

宗教具有长期性、群众性、民族性、国际性和复杂性五个特征，其影响非常广泛，它不但成为人们日常生活中不可缺少的重要组成部分，还对所在国家的政治、经济、军事、文化等方面产生了极为重要的影响。

二、我国宗教信仰的特点

我国宗教信仰既有宗教信仰的共性，也有自身的特点。

1. 多种宗教并存

佛教、道教、基督教、伊斯兰教是我国公民信仰的四大宗教。

2. 强烈的融合性

任何外来宗教若想在我国获得生存和发展，都必须地方化、民族化，逐渐适应我国的国情民俗，并与我国传统文化密切结合，经历一个宗教中国化的过程。

3. 显著的民族性

作为一个多民族、多宗教而又无国教的国家，我国的宗教信仰具有显著的民族性特征。

4. 较强的务实性

为使宗教适应古代中国以儒家学说为主导思想、以伦理纲常为治国之本的国情，汉族在宗教信仰上主张兼容并蓄，为己所用，强调务实性，要求信徒立功德、行善事、戒杀生、忠君孝亲等，以维护封建伦理道德和社会秩序。

第二节　佛教文化

佛教是世界三大宗教中创立最早的宗教。

一、佛教概述

佛教产生于公元前6世纪古印度的迦毗罗卫国（今尼泊尔南部），其创始人是悉达多·乔答摩。佛教在其发展过程中不断向外传播。

1. 佛教的产生与传播

佛教产生于公元前6世纪古印度的迦毗罗卫国（今尼泊尔南部），其创始人是悉达多·乔答摩，后世尊称其为释迦牟尼。释迦牟尼的时代，正是我国春秋时代，与孔子同时。

12世纪末至13世纪初，随着伊斯兰教的传入，佛教基本上被逐出了印度国境。

佛教在其发展的过程中不断向外传播，其传播路线大致有三条：北传佛教、南传佛教、藏传佛教。

佛教在我国的传播已有2000多年的历史。一般认为西汉哀帝元寿元年（公元前2年）大月氏王使臣伊存向博士弟子景卢口授《浮屠经》是佛教传入中国之始。史称“伊存授经”。我国的佛教分属北传佛教、南传佛教和藏传佛教三大体系，拥有世界上最完整的佛教和佛教经典。可以说，佛教诞生在印度，而发扬光大却在中国。

2. 佛教的基本教义

佛教的基本教义可总结为“四谛”说，“四谛”即苦谛、集谛、灭谛、道谛。

苦谛是说现实世界和人生的种种痛苦（即一切皆苦）；

集谛是说造成痛苦的各种原因和理由；

灭谛是说消除痛苦达到理想的境界（涅槃）；

道谛则是说实现理想境界的方法。

3. 佛教的经典和标志

大乘佛教和小乘佛教的经典分经、律、论三藏，称“三藏经”或“大藏经”。精通三藏的僧人称为“三藏法师”。

藏传佛教的经典分为《甘珠尔》和《丹珠尔》。

佛教的标志是万字符（左右旋均可）和法轮。

4. 佛教供奉的对象

佛教供奉的对象从高到低分为四个层级，即佛、菩萨、罗汉、护法天神。

佛——自觉、觉他、觉行圆满者。包含“三方佛”“三世佛”“三身佛”等。

菩萨——自觉、觉他者。民间广为信仰的“四大菩萨”是指文殊菩萨、普贤菩萨、观音菩萨、地藏菩萨。

罗汉——自觉者。常见的有十八罗汉等。

护法天神——佛的护卫神。

5. 佛教常用的称谓、礼仪、佛事活动和节日

佛教常用的称谓主要有和尚、僧人、法师、住持、居士等。

佛教常用的礼仪有礼拜、口念“南无”（音那谟）、绕佛、合十和顶礼等。

佛教常见的佛事活动有水陆法会、众姓道场、增福延寿道场、焰口施食、忏法等。

佛教的主要节日有：

（1）四月初八，佛诞生日，浴佛节。

（2）十二月初八，佛成道日，届时以五谷杂粮与干果掺和煮粥供佛，亦称腊八节。

6. 佛教寺院与佛塔

（1）佛教寺院

佛教传入我国，兴建的第一座寺院东汉白马寺是以汉代官署的格局建造的，以后又有不少官僚和富家施舍现成的府邸和私宅为佛寺。所以，我国汉族地区的佛寺在近两千年的发展过程中，基本继承了我国的建筑传统，以院落形式作为佛寺的布局，即一个个大大小小的四合院串联而成。

汉地佛寺的另一特点，就是有一条南北中轴线，主要建筑建在中轴线上，附属建筑则在中轴线的东西两侧。

中轴线上的建筑由南往北，依次为山门、天王殿、大雄宝殿、法堂、藏经阁等。天王殿前东西有钟楼、鼓楼对峙。大雄宝殿前左右是伽蓝堂和祖师殿相对。法堂前左右为斋堂和禅堂。法堂后或藏经阁左右是方丈室。另有库房、厨房、客房、浴室等分布四周。大寺名刹，还另辟有五百罗汉堂。有的著名大寺院在寺院的左后侧或

右后侧设立戒坛，自成格局，另为一院。还有的附有塔院（又称塔林）。

（2）我国的佛塔

我国的佛塔源于印度，中文释作浮屠、塔婆。相传释迦牟尼圆寂，尸体火化后，变成各色晶莹的珠子，这些珠子、骨头、牙齿等都叫作“舍利子”，建塔时埋葬。

二、辽东地域的佛教寺院与佛塔（与佛教有关的景点）

辽东地域的佛教寺院与佛塔及与佛教有关的景点众多。其中，以辽阳广佑寺白塔最为著名。

1. 广佑寺景区

广佑寺景区为国家AAAA级景区、辽宁省十佳景区，位于辽阳市中华大街一段60号。

据史料记载，广佑寺始建于东汉，是佛教传入我国后最早出现的寺院之一，也是东北地区最具规模的佛教圣地。1161年，金世宗完颜雍在这里称帝，广佑寺因备受朝廷恩典而成为名副其实的皇家寺院。此后，经金、元、明历代增修扩建，至明穆宗隆庆年间极盛时拥有殿宇近200间，占地面积达9万平方米，名列东北佛教寺院之首。1900年，沙俄为镇压义和团攻占辽阳，使广佑寺惨遭焚毁。2002年，广佑寺的修复工作正式开始。其整体建筑风格以辽代风格为基调，并融合明清建筑之精华，为我国传统建筑的杰出代表。

新建的广佑寺占地面积6万平方米，南北中轴线上依次为牌楼、山门、天王殿、大雄宝殿、万佛阁、藏经楼、僧舍，东西两侧各建有钟楼、鼓楼、碑廊、东配殿、西配殿等。寺院以西建有别院——圆通禅院。每年春节或中秋节举行的大型民俗文化庙会使广佑寺成为节假日旅游的一大看点。

大雄宝殿，建筑面积11400多平方米，殿高3层，通高41.7米，面阔11间（73.8米），进深7间（49.8米），为典型的辽代彩绘建筑，就体量而言，是目前世界庙宇之最。

广佑寺大雄宝殿内的樟木鎏金坐佛，通高21.48米，为目前世界殿内佛身最高、体积最大的木质释迦牟尼坐佛。广佑寺与中华广场、白塔古典园林公园、青年湖公园融为一体，在广佑寺白塔的衬托下，成为一处著名的佛教圣地和重要的旅游景区。

辽阳白塔坐落在辽阳中华大街北侧，是全国76座古塔之一，也是全国6大高塔之一，1988年被列为国家重点文物保护单位。辽阳白塔是一座舍利佛塔，八角十三层，用大青砖砌筑，为垂幔式密檐结构。全塔由下而上，分基座、塔身、塔檐、塔刹四部分，共70.4米，是东北地区最高的砖塔。因其塔身、塔檐的砖瓦上涂抹白灰，丽日之下，熠熠生辉，故名白塔。

白塔建在平面呈八角形的台基上。台基为须弥座，周围饰以砖雕，有仰覆莲花、栏板、斗拱、伎乐人等图案花纹。塔檐每两级之间为假立壁，壁间镶制铜镜，共99面。这些铜镜为佛光普照十方世界之意。

关于该塔的建筑年代，说法不一。从该塔的建筑风格、使用材料、砖雕手法和纹饰等方面来看，都与沈阳塔湾无垢净光舍利塔、锦州大广济寺塔、北镇崇兴寺双塔相一致。其用砖皆是压印大沟绳纹砖，兽面圆珠纹饰瓦当，仿木结构的砖雕斗拱，砖雕牡丹、双尤、胁侍及飞天等，也与辽代的同类建筑相像。据此考证，该塔为辽代中晚期的建筑，距今已有900多年的历史，是契丹民族融合汉文化与佛教文化的经典之作。

2. 抚顺高尔山辽塔和观音阁

辽代在高尔山建辽塔两座，分立于东西两座山峰之上，目前仅见西侧的辽塔，该塔建于辽道宗大安四年（1088年），多种型制的青砖砌筑而成，塔身八角形，九级密檐。

塔身高自下而上，用密檐、斗拱分出比例匀称的层次，每层又用磨砌立柱，构成8个对称的圆弧犄角。在八面塔身上各有深约15公分的长方形佛龛，上有砖雕宝盖，龛下有飞天拱托，各自组成一幅完整的浮雕图案。该塔是抚顺地区现存最早的古塔，塔高14.10米，直径为6.8米，全塔呈八角形，为八角九级密檐式结构，古塔造型古朴，布局严谨，充分体现了我国古代工匠的聪颖才智和高超技艺。在古塔不远的半山腰处有一古刹名曰“观音阁”，古刹横穿半山腰，与山顶之塔相映成画。

观音阁位于高尔山南麓半腰处，由上下两院共同组成。该寺始建于明崇祯三年，于1994年重建，属省级文物保护单位。观音阁是辽宁省宗教局批准的宗教活动场所，在抚顺市佛教界具有极高影响力，现为抚顺市佛教协会所在地。

3. 丹东凤凰山

丹东凤凰山位于凤城市东南5公里处，以险著称，被誉为“国门名山”“万里长城第一山”。凤凰山除自然景观优美，人文历史景观也很丰富。与佛教有关的景观主要有：

（1）朝阳寺。朝阳寺地处凤凰山游览区西山景区，建于明孝宗弘治初年（1488年），原名大安寺，是建在凤凰山上最早的寺院，后经过数次重修。1721年重新修建佛殿五间，东西厢房各三间，山门一间，落成之日改名为朝阳寺，20世纪50年代朝阳寺不复存在。2001年圆霖法师率众子弟考察朝阳寺遗址，发宏愿辟新址重建朝阳寺。朝阳寺于2001年4月19日奠基，公历2004年6月13日即佛历2548年4月26日开光。

（2）“三教堂”。“三教堂”堂门由两块大石竖立构成，堂顶是一块斜卡在两壁上的整块石板。堂内正殿为石铺殿阶，逐渐向上，殿阶正上方则是一块巨石竖立，上坐“三教”雕像。原来佛道等教不能兼信，而“三教同源”却又有它的历史原因。北宋末年，宋徽宗很是崇奉道士，自称“教主道君皇帝”，道教开始盛行。元朝帝王虽然信佛，也兼信道教，佛道混合，等到明初这种混合开始衰微，等到明朝中叶之后，又因为帝王的倡导，方士、和尚的宣扬，佛士的参加，形成“三教同源”，使儒、佛、道成为一个庞大复杂而且混乱万分的多神教。

（3）观音阁。观音阁始建于明神宗年间，分上下两层，上奉“观音”，下站“韦驮”。“观音”是佛教的菩萨名，佛教的《法华经·普门品》中说，遇难众生只要诵其名号，即“观世音”三字，菩萨即时观其声音，前往拯救解脱，“观世音”是根据这个说法意译过来的。后来唐太宗李世民讳“世”字，只得略去“世”，改称“观音”。据说观音原为男性、女像。观音始于南北朝，还有千手千眼菩萨和送子送财传说等。至于观音手中所掌的那只“净水瓶”和那根“杨柳枝”，原是普洒佛法的意思，是一个象征性的“道具”。后来便成为主宰人间晴雨的法宝，成了有求必应、能治百病的万金油。韦驮是佛教天神，姓韦名混，为南方增长天王的八大神将之一，居四天王三十二神将之首。在这一块巨石的顶端，原有一个仅能容纳一人的靠椅式的凹处，这就是观音座。为什么观音在这儿坐呢？因为它的洞府里住神佛较多，派别也杂，她不便在那里习演功法，因而就把早晚坐禅之处改在这里了。久而久之把这块岩石坐出了一个坑。观音菩萨经常在这里向弟子传授法术、讲经传道，风吹日晒，信徒们心里很是不安，为了感恩颂德，表示尊师的诚心，大家在这右边的岩石上建了一座庙殿，就是现在的观音阁。从这时起，善男信女们像穿梭般地来往不绝，朝拜进香。

4. 五龙山灵峰禅寺

五龙山灵峰禅寺位于丹东市五龙背，它依山而建、金碧辉煌、气势恢宏。整座寺院进深五重，是东北单体建筑最大的寺庙。

五龙山灵峰禅寺始建于明朝，相传是观音的应化道场之一。曾经香火鼎盛。寺院复建于2000年，建筑面积1万平方米。复建后的灵峰禅寺更加法席鼎盛，声名远播。台阶之上的六个大字“南无阿弥陀佛”，是人们再熟悉不过的一句话，但恐怕大部分人并不知道这句话的意思。其实阿弥陀佛是佛教中的“横三世佛”之一，是掌管着西方极乐世界的佛，“无量佛”“无量寿佛”都是他的名字。佛教中的某些宗派认为，只要一心念诵“南无阿弥陀佛”，死后便可去西方极乐世界。“南无”意思是顶礼、皈依，“阿”的意思是“无”，“弥陀”是“量”的意思，“佛”是觉者，连起来就是顶礼（或皈依）无量觉者。时时口念（或默诵）佛名，表示心中有佛，于是可登极乐世界了。

大雄宝殿是灵峰寺的主殿。佛教宗派不同，殿中供奉的佛会有所不同。在五龙山灵峰寺大雄宝殿中供奉的是“横三世佛”，分别是药师佛、释迦佛和阿弥陀佛。中间的释迦佛有尽人皆知的名字，叫如来佛。左侧的药师佛的知名度在我国要小一些，药师佛是佛教传说中东方净琉璃世界的佛。他曾经发愿说“除一切众生众病，令身心安乐”。右侧的佛，就是阿弥陀佛，他掌管西方极乐世界。

佛教中某些宗教派认为死后要去西方极乐世界的话，最简单直接的修行就是念诵他的名号。大殿的左右供奉的是著名的十八罗汉。佛教修行的最高境界是佛，然后是菩萨，接下来就是罗汉了。一般寺院都供奉着十八罗汉，有的寺庙还有专门的罗汉堂，供奉五百罗汉。其藏经阁内还珍藏着释迦牟尼真身骨舍利。

5. 辽阳龙峰山、龙峰寺

龙峰山位于辽阳市辽阳县下达河乡下涧村，距辽阳市区约35公里，为国家AAA级旅游景区，山上有龙峰寺。

龙峰山又名金刚山，峰峦叠嶂，奇特险峻，山下九龙河碧水环绕，蜿蜒曲折。山上的自然景观有龙头峰、大金刚峰、二金刚峰、金蟾迎旭、犀龟望月、卧狮峰、人头峰、白云洞、一线天、迎客松、九龙河、龙潭垂柳、老君塘、老君柜石等，统称为金刚山28

景。新近又开发了山下水上游乐项目，并新修了道路和停车场。

龙峰寺始建于唐贞观十三年（639年），曾两次受过皇封，明清两代均有修缮。据寺内现存的明代碑文记载：唐太宗李世民东征时在此屯兵挥师，薛仁贵一箭定天山而修此庙。另据寺内现存的清代碑文记载：乾隆四十四年（1779年），乾隆皇帝东巡到此，见其势清幽足为修真之所，景物秀毓堪作养性之区，并御封龙峰寺为“保清寺”，白云洞为“灵神洞”，封陀螺峰为“大、二金刚”峰。

龙峰寺经历唐、宋、元、明、清五个朝代，跨越一千三百余年，帝王涉足，百姓常往，纳两次皇封，名声远扬。但“文革”期间，龙峰寺惨遭浩劫，已无踪影。1995年秋，经省有关部门审批，龙峰寺得以恢复重建，1998年5月作为正式的宗教场所重新对外开放。修复了大殿、圆通宝殿、白云洞、东西配殿、斋堂、僧房，铺筑通山路、仙人桥，并修建了山门和天王殿。

由于乾隆皇帝与龙峰寺深有渊源，乾隆皇帝的第八代玄孙——北京正慈精舍主人爱新觉罗·毓丛，将其世代珍藏的5颗佛祖骨舍利赐给龙峰寺。2001年8月15日，舍利宝塔在此落成。中国佛教协会会长赵朴初亲笔题字“释迦佛舍利子托天宝塔”，中国佛协来电祝贺。佛舍利塔为八角白玉石塔，高21米，八面塔身雕琢十尊佛像，取汉、藏、印风格为一体，聚古典建筑和现代建筑于一身，该塔为东北地区唯一的供奉佛祖舍利子的舍利宝塔。

自20世纪90年代以来，到龙峰寺观光旅游的游人络绎不绝，尤其是每逢龙峰寺佛事活动，游人就更多，有时多达万余人。吸引了市内外许多有识之士到此投资建设，当地和邻近的村民也到此出售土特产品，山下形成了一处热闹的特色集市。

6. 大孤山古建筑群

大孤山古建筑群位于辽宁省丹东市西南部历史文化古镇——大孤山。大孤山既是山名又是镇名。

大孤山古建筑群是与沈阳故宫并为辽宁省规模较大、现存保护最具完整的两大古建筑群之一。根据《圣水宫记》碑文记载：“圣水宫，原名望海寺，传系唐代古刹。”到了明代末年，殿宇荒废，仅存基垣。现有的庙堂都是清乾隆年间以后建造的。古建筑群占地一万多平方米，建筑面积达五千多平方米，分为上庙群、下庙群、古戏楼三部分，一条中轴线贯穿其中，整个布局呈繁体“寿”字形。古建筑群集古建筑艺术之大成，展辽东地区人文景观之大观，集佛、道、儒三教文化于一体，堪称东北地区一处闻名遐迩的旅游胜地。

【补充阅读1】大孤山古建筑群史话

大孤山是辽宁东部历史悠久的文化古镇。古镇后面，孤峰耸立云天，山崖万木峥嵘。青山翠岗深处，古刹星罗棋布，大小庙宇十几处，形成规模很大的寺庙建筑群。古建筑群建筑面积五千多平方米，殿宇楼阁一百零六楹，是现今辽宁省境内保存下来的较为完整的古庙建筑群，被列为省级文物保护单位。

大孤山寺庙最早建于唐代，在大孤山半山腰建筑了“望海寺”，有茅舍三间。“望海寺”之“望”是祭祀的意思，古有“望祭”的仪式，是用来祭祀名山、大川、五岳、四海的。望海寺无疑是祭祀海神的庙宇。唐朝武则天年间，在鸭绿江上游，靺鞨族（满族的先祖）首领大祚荣建立政权，唐睿宗太极元年（712年）被册封为左骁卫大将军，渤海郡王，设置忽汗州，加授大祚荣为忽汗州都督，号称渤海。渤海经常派人到长安朝贡，请封号，多次派学生来京师太学学习，文化发达。唐王朝也经常派鸿胪卿（管理外事仪式的官职）到渤海去。往来通道是从山东登州渡渤海、南海，沿鸭绿江而上，到渤海京都（今黑龙江宁安县东京城），沿途设有停泊港口，大孤山就是其中的一个。远涉沧海，常遇风暴，往来使者在大孤山建庙祭海神，祈求神灵保佑，平安无事。可见一千二百多年前，孤山已经是名山古刹胜地了。

辽金时代，大孤山建有佛教寺庙，据史料考证，在清代乾隆五年（1740年）建庙挖地槽时，掘得铁铸罗汉十六尊，为辽金时代遗物。世俗称十八罗汉，当时有人误认为丢了两尊，其实辽金时代之初，只有十六罗汉，都是释迦弟子，宋朝时与辽金同期，有人在十六罗汉之上增加了宾卢与庆友，成为十八罗汉。

【补充阅读2】大孤山庙会的起源

每年的农历四月十八是大孤山镇一年一度的庙会。说到大孤山的庙会，据《孤山镇志》记载：“早在宋代就有庙会之举，庙会集会地址在下庙戏楼广场，规模鼎盛时期是在清代的乾隆年间，当时重修海神娘娘庙时，兴起了海神娘娘庙会和药王庙会，每年的四月十八天后宫举办民间娘娘庙会，随着时间的迁移，海神娘娘庙会日渐兴隆，特别是道光年间建成戏楼后，庙会盛况日常空前，庙会内容也日益丰富多彩，烧香拜佛、祈福还愿等，掺和着文艺节目、戏曲、杂耍、旱船表演，同时还有商品交易，解放初期和‘文革’期间中断。”

另据丹东作家张涛先生所著的《孤山独白》一书称：“娘娘庙会，是旧历四月十八，据记，这一天是天仙圣母的生日，僧侣和信徒为庆祝圣诞而兴办庙会，天仙圣母不是一个人，而是赵公元帅的三位女儿——云霄、碧霄、琼霄——的合称，谓之三霄娘娘，故庙会又称为娘娘庙会。”据历史记载，孤山古建筑群由开山始祖倪理休于清乾隆八年（1743年）来到大孤山托钵募化三载所建，如此算来，大孤山庙会的历史可以追溯到250多年以前了。时至今日，我们可以推想当年，当时，陆路交通并不发达，过往于鸭绿江的来往船只，遥望一巍峨高山矗立于黄海岸边，于是停船靠岸，上岸交易，盛况何其空前。特别是四月十八，正逢草长莺飞时节，长白山的山货兽皮要运往关内，江南的丝竹瓷器又从山东威海源源而来，孤山就成了南北货物的中转站，南来北往的商贾，周边出海打鱼的船家，齐聚古镇，贸易商谈，会亲访友，为大孤山庙会增添了丰富的内涵。

7. 三慧寺

三慧寺始建于明朝万历年间，已有数百年悠久历史，原址在抚顺市东洲区白家店北岭，“文化大革命”时被拆毁，后来搬到萨尔浒风景名胜区大门附近的位置，于2002年复建，2003年9月14日正式开光，总面积为2万多平方米。后方的舍利塔建于2010年9月，2011年10月15日封顶，于2014年8月14日（农历七月十九）正式开光，是东北地区众多居士观光朝拜的重要场所。

8. 清福寺

清福寺坐落在丹东市宽甸满族自治县青山沟风景名胜区中，始建于明末清初，香火盛世时有僧侣48位。日寇侵华时焚烧了此庙，后经修缮，“文革”时又遭浩劫而荡然无存。1994年，新加坡的蔡金钟先生投资8万美元移址修复了此庙。

9. 清泉寺

清泉寺坐落于宽甸满族自治县黄椅山半山腰火山处，是一处远近闻名的佛教圣地。清泉寺始建于明朝初期，曾毁于“文革”，1995年开始修复。现占地面积20000平方米，建筑面积1200平方米。清泉寺内的大雄宝殿是一座面阔五间、进深三间的重檐歇山式建筑，建筑面积600多平方米。殿前有汉白玉石狮一对，有香炉和四层宝鼎，幢幡庄严。在黄椅山火山森林公园的青山绿水间，清泉寺如一处人间仙境、世外桃源，清幽雅然。

10. 观音寺

观音寺坐落在辽阳市中华大街东段，建在被传为“三山不显”的土山之上，环境清幽秀美，地势高低衔错，建筑典雅肃穆，殿宇进退层叠，是开放的佛教活动场所。

临街牌楼门高8.2米，宽11.4米，匾额横书“观音禅寺”，由已故中国佛教协会会长赵朴初题写。该地原为明代御库，俗称金银库。清康熙三十三年（1694年）始建，占地1.68万平方米，有大殿5间。殿前伫立万年宝鼎，高3.5米，墨玉精雕，玲珑剔透。殿中正位是千手千眼观音像，侧为善才、龙女菩萨站像；正位东坐文殊菩萨、西坐普贤菩萨像；左右护法韦驮和伽蓝主者菩萨像，两壁为16尊者拓像。后为禅堂、佛堂，东西配殿为三霄殿、吕祖殿、功德堂。还有斋堂、客经书流通处、僧舍、居士林等计42间。寺内建筑精雕彩绘，朱柱翘檐，极为壮观。

11. 清风寺

清风寺位于辽阳县首山乡马伊屯村，1988年列为省级文物保护单位。该寺始建于明隆庆五年（1571年），占地面积五千余平方米，有山门、正殿、后殿、配殿、僧房共22间。山门墙壁上嵌有清咸丰七年（1857年）立的石碑。正殿仍保留明代歇山式做法，是省内现存明代殿宇建筑的典型代表。正殿后有白松一株，为国内罕见。清风寺经辽阳县1993年重修，三层大殿，建造宏伟。

【补充阅读3】丹东市元宝山的天后宫

丹东市元宝山的天后宫，作为寺庙群，自建成以来，就成为世界妈祖文化最北和最大的遗址。

天后宫在20世纪初也叫天宫庙或天妃庙，百姓俗称娘娘宫，是供奉妈祖亦即天妃娘娘的地方。清光绪二年（1876年），安东县在元宝山下设置县府衙后，首先在元宝山前建成了天后宫，同时和陆续建成了关岳庙、三官庙、祖师庙、火神庙、九灵宫、碧霞宫、药王庙和白云观（今普济宫）等。这些寺庙设施以天后宫为中心，形成了天后宫寺庙群，为国内外所公认。

就天妃庙的全球性分布和历史来说，丹东的天后宫有着不一般的意义，在所有供奉天妃或妈祖的寺庙中，丹东是最北的一处。所以相关的历史叙述一般都会提到供奉妈祖是北自安东起始，就是指元宝区辖区元宝山的天后宫。

最初的天后宫据说占地24亩，由元宝山麓扩延到原八道沟主街的北侧，是由艚船会为祈求海上平安而集资修建的。1876年3月，天后宫戏台建成。每逢农历三月二十三（天后圣母诞辰日）举行盛大庙会，全天致祭，川流不息。天后宫戏台前，更是人山人海，观看酬神戏。清光绪八年（1882年），皇上钦赠御匾，致使当时安东的天后宫名扬海内外。1941年，改称为宝山寺；1989年，更名为宝光寺；2000年8月15日，又重称宝山寺。

妈祖庙是供奉祭祀天妃娘娘，亦即妈祖的地方。妈祖是江海航运的保护之神，为了便于航行于江海上的船民，妈祖庙宇一般选择建在江湖海边，地理位置优越，风景优美，交通便捷，是理想的旅游胜地。海外华侨、台湾同胞、港澳同胞和大陆人民骨肉情深，血脉相连，语言相通，习俗相同，他们把妈祖信仰作为共同的价值取向。丹东的天后宫，作为供奉和祭祀天妃娘娘即妈祖的我国最大和最北的一个寺庙群，世界闻名，也是中外游人了解丹东地区历史和乡土文化的旅游胜地和场所。

元宝山天后宫建筑一般包括山门、牌坊、前殿、主殿、后殿、左右廊庑、钟鼓楼、戏台等，整体布局突出中轴线对称。原有的设施多数不存。在民国初期和伪满时期，丹东元宝山天后宫的庙会全东北亚著名，最多时候一天有超过五万人来此赶庙会。各地来的船只带来各地的商品，在这里进行交易，形成集市。

元宝山天后宫自建立之日起，就见证了清末以来安东作为开埠之地、作为民国早期东三省第二大城市三大通商口岸的海外交通史与中外关系史的历程。妈祖或天妃信仰是海外交通发展的产物。从宋代至清代，凡官员奉使航海出国、海上漕运、渔民出海捕鱼、商人出海贸易、水手船工等在海上活动的人，在船舶起航前都要祭祀妈祖，祈求妈祖保佑顺风和安全。

妈祖信仰是一种宗教信仰，妈祖经、签诗和有关的文献资料是研究妈祖信仰的第一手资料。妈祖信仰带有释、道、儒三教合一的形态，都把自己的思想渗透到妈祖经典中。反映在神祇的社会功能上，妈祖成为多功能的神，既是航海的保护神，也是地方守护神，而且兼司孕育、保护儿童、御灾捍患、治病、满足功名利禄等。

第三节　道教文化

道教是我国土生土长的宗教。

一、道教概述

1. 道教的产生与传播

道教起源于古代巫术和秦汉时期的神仙方术、黄老道思想、阴阳五行观念。

道教的创立和发展大致经历了三个阶段：原始道教阶段、道教上升为理论化阶段、道教形成两大派系阶段。

东汉顺帝永和六年（141年），张良的八世孙张陵在四川鹤鸣山宣称老子自天而降，命其为天师，于是奉老子为教主，以《道德经》为主要经典，正式创立道教。

2. 道教的基本教义

以神化了的“道”为核心信仰，宣扬“道”是万物之母；乐生、重生、贵生，并千方百计地追求长生不老，成仙得道。

3. 道教的经典和标志

道教的主要经典为《道德经》和《道藏》，道教的标志为八卦太极图。

4. 道教供奉的对象

道教常见的供奉对象主要分为尊神、俗神和神仙三大类。

尊神：“三清”、“四御”、“三官”、日月五星、四方之神。

俗神：道教信奉的神有许多来自民间，如雷公、风伯、关帝、文昌、门神、灶神、城隍、土地、妈祖、财神、药王。

神仙：指神通广大、长生不死者，道教所说的仙包括真人和仙人。

5. 道教常用的称谓、仪式和节日

道教常用的称谓有“道长”“道姑”“住持”等。

女道士一般尊称为首姑、女冠、元君。

道教的主要仪式有符箓和斋醮。

道教多以神、仙的诞辰为节日，常见的有：

正月初九，玉皇大帝圣诞日；

二月十五，太上老君圣诞日；

三月初三，王母娘娘圣诞日，俗称“蟠桃会”。

二、辽东地域的道教宫观与道教名山

辽东地域的道教宫观与道教名山以本溪九顶铁刹山为代表。

1. 本溪九顶铁刹山

铁刹山距本溪市东40公里，是辽东名山之一，东北道教龙门派的发祥地。其最高峰海拔912.9米，山势险峻，气势雄伟。铁刹山分为五个峰，中峰元始顶，东峰玉皇顶，南峰灵宝顶，西峰太上顶，北峰真武顶。因从东、南、北三个方向仰望都能见到三个峰，形如铁叉，取其天作之合，三三为九之意，故称为九顶铁叉山。后来道家居山称刹，更名为九顶铁刹山。

铁刹山除五峰之外，还有香炉峰、狮子峰、南天门、北天门、青阳紫气岭、瑶池金田岭等峰岭。铁刹山岩洞较多，最负盛名的是八宝云光洞。此洞居山南，形如“八”字。洞口高5米，洞内高9米，洞尾高7米，洞长约30米。洞中有石虎、石龙、石寿星、石蟾蜍、石木鱼、石仙床、石定风珠、石莲盆等“八宝”。洞口正中上方刻有“九顶铁刹山八宝云光洞”10个大字。在云光洞上方还有乾坤洞、玲珑洞、卧虎洞。在乾坤洞附近的摩崖顶上有东北道教始祖郭守真的坐观。观下有泉水井，清澈见底，常溢不竭。

铁刹山历代游人的题咏和石刻随处可见，“与天同寿”摩崖石刻，高8米，宽5米，碑文800余字，出自清末学者、曾做过张作霖家庭教师的辽阳人白永贞之手。此外还有“直上青天”“一览众山小”等石刻。尤其是乾坤洞下青石上所刻唐楷的“乾坤正气”4个大字，字长1.8米，字宽1.3米，笔力雄劲刚健，厚重深沉，刻工极精。

九顶铁刹山有源远流长的历史，盛传长眉李大仙在此修仙得道；东北道教龙门派始祖郭守真于明崇祯三年（1630年）在此出家，开创了东北道教龙门派。铁刹山有许多神奇的传说。“八宝云光洞”中的石床，相传是长眉李大仙收养弟子杨金豹的地方；悬于洞中圆石的石定风珠，相传周武王伐纣时向长眉李大仙借得此宝，破了妖人的十绝风吼阵；而在悬崖上的天桥洞，则是长眉李大仙升仙之所。

九顶铁刹山悠久的历史文物同优美的自然风景浑然融为一体，实不愧为辽东奇景。近年来铁刹山又被辟为国家级森林公园，载入《中国名胜辞典》，名扬海内外。

【补充阅读4】东北道教龙门派始祖——郭守真

东北道教龙门派始祖郭守真于明崇祯三年（1630年）在九顶铁刹山出家，开创东北道教龙门派的历史。郭守真，字致需，号静阳子，生于1606年，原籍江南，后到辽东，定居于九顶铁刹山八宝云光洞内。后拜龙门派道士李常明为师，在北京白云观受戒。此后，返回铁刹山收徒传道。1663年，在清代将军乌库扎的支持下，在盛京（今沈阳）建立三教堂，势力大增。郭守真乃以九顶铁刹山为上院，三教堂为下院，积极向外扩展势力，派诸徒到东北各地兴建庙宇，占据土地，收徒布道。如吉林的清华宫、黑龙江的慈云宫、辽宁千山的无量观等都是受九顶铁刹山八宝云光洞的道教龙门派的支持。九顶铁刹山八宝云光洞确为东北道教的发源地，被称为东北道教的“本山”。

2. 丹东凤凰山中的道教建筑

（1）紫阳观。紫阳观是凤凰山中较为古老的庙宇之一，其规模也是最大的。据《凤城县志》记载，凤凰山原始为佛家圣地，道教进入凤凰山要晚于佛教。紫阳观是在大宁寺的旧址上兴建的。大宁寺又是在“古刹”旧址上兴建的。古刹建于何年无考，但应在明代之前，因为大宁寺是建于明弘治初年（1488年），时有正殿三楹，配殿三楹，山门一楹。明末清初大宁寺倾颓，到康熙年间仅存一老僧。此时有道士郝教明云游至此，对凤凰山的景色甚为留恋，并立志要改寺建观。后其返洛阳，带弟子李永义来山。李永义伺候老先师逝世后，于清乾隆初年（1736年）将大宁寺改建成紫阳观。

清道光十三年（1883年）重建一次，时有上殿三楹，东西配房各五楹，山门一楹。此后，紫阳观年久失修，逐渐颓废。1981年6月，人民政府拨款将紫阳观复修。重修后的紫阳观，全部采用琉璃造顶，木结构，各殿梁房都有彩绘装饰，下有透雕燕尾。三官殿基高3米，雄居全殿之上，各殿脊均有飞龙走兽，梁上贴金，门外明柱皆为木制并涂朱红色。殿门前有4棵500年之龄的苍松，把庙殿装点得古朴典雅、落落大方。

三官殿是紫阳观的正殿，供奉“天、地、水”三官。右侧有“八仙过海”群塑，左侧有“瑶池金母”群塑。大殿正中是天官塑像，其东站“护法灵官”，其西立“护法土地”，天、地、水三神。西殿有游廊壁画，绘有《麻姑献寿》《大禹治水》《神农尝百草》等壁画。这些壁画色彩清雅，场面壮观。每当落日余晖，游人们便会驻足欣赏这些艺术精品，流连忘返。

（2）“三教堂”。（佛教部分已经介绍，不再赘述）

（3）“碧霞宫”。“碧霞宫”，也叫“娘娘庙”。此宫建于清道光四年（1824年），后于1982年修复。内奉“三圣母”“子孙娘娘”“眼光娘娘”。“三圣母”指的是天德圣母，即周文王之祖母；天贞圣母，即周文王之母；天仙圣母，即周文王之妻。周武王之母称为“贤妻良平”，在善男信女之中享有地位，多有人来此进贡烧香，以求吉利。

（4）“斗母宫”。斗母宫始建于明代，传说是妇女捐修的，清乾隆十八年（1753年）重修，内奉八只手的“园明道母天尊”塑像，传说是北斗七星之母，这种三目八臂神像，在佛教里很常见，但在道教诸神中却不多见，显得与众不同。《北斗本命经》中说，不管你多么贫穷下贱，多么背运倒霉，只要诚心礼拜斗母，称念她的名号，就能消灾灭病，延生得寿，获福无边。

（5）凤凰山庙会。每逢阴历四月二十八，凤凰山的山根儿、山顶上到处都是人，真可以说是人山人海。人流最多的时候，一天能达到四五十万人，都是前来赶山、逛庙的，也叫凤凰山庙会。从前清开始，凤凰山形成了一年一度的“药王庙会”，即在农历四月二十八日这一天祭祀唐朝“药王”——著名的医药学家孙思邈。二十七日这天，“药王”神像游街市一天叫作“出巡”，二十八日，人们游山拜庙求其保佑“病体早愈”或祈求安全无事，大吉大利。由于进庙烧香的人越来越多，商人们趁这个机会做起了生意，艺人们也前来献技献艺，加上此时春暖花开，山川河流别有一番风景，游春的人也选在这个日子来尽兴。这个传统一直延续下来，所不同的是，现在这个活动已经成为民间约定俗成的大型群众性物资交流会，从农历四月二十六日至四月三十日共五天。

3. 大孤山古建筑群

在佛教部分已经介绍，在此不再赘述。

第四章　辽东地域的海洋文化

海洋文化，就是和海洋有关的文化。海洋文化的本质，就是人类与海洋的互动关系及其产物，包括海洋民俗、海洋考古、海洋信仰、与海洋有关的人文景观等。

第一节　黄海的历史文化

鸭绿江是辽宁省第二大河，是中朝两国的天然国界。鸭绿江源于长白山脉主峰白头山，流经位于辽东的丹东市，向西南注入黄海。

一、黄海概况

黄海是太平洋西部的一个边缘海，位于我国与朝鲜半岛之间。黄海平均水深44米，海底平缓，为东亚大陆架的一部分。黄海的名称来源于它的大片水域的水色呈黄色，历史上黄河有七八百多年的时间注入黄海（入海口在我国江苏省滨海，即今天的废黄河口；1855年黄河再次改道，重新注入渤海），使得河水中携带的大量泥沙将黄海近岸的海水染成了黄色。

黄海从胶东半岛成山角到朝鲜的长山串之间的海面最窄，习惯上以此连线将黄海分为北黄海和南黄海两部分，北黄海面积约7.1万平方千米，南黄海面积约30.9万平方千米。黄海的西北部通过渤海海峡与渤海相连，东部由济州海峡与朝鲜海峡相通，南以长江口北岸启东角到济州岛西南角连线与东海分界。

注入黄海的主要河流有鸭绿江、大同江、汉江、淮河等，主要沿海城市有我国的连云港、日照、青岛、烟台、威海、大连、丹东，朝鲜的新义州、南浦，韩国的仁川等。属黄海的海湾有西朝鲜湾、江华湾、群山湾、海州湾、胶州湾、荣成湾等。黄海内的岛屿主要集中在辽东半岛东侧、胶东半岛东侧和朝鲜半岛西侧边缘。其中比较大的有外长山列岛、长山群岛、薪岛、椴岛、白翎岛、德积群岛、格列飞群岛、古群山群岛、大黑山群岛、罗州群岛、楸子群岛、济州岛等。

毗邻黄海的主要行政区有我国的辽宁、山东和江苏三省，朝鲜的新义州特别行政区、平安北道、平安南道、黄海南道、开城工业地区，韩国的京畿道、仁川广域市、忠清南道、全罗北道、全罗南道、济州特别自治道。

由于近中国沿岸的工业污染（特别是淮河流域的工业污染）没有得到有效的控制，黄海的生态环境日益面临严峻的挑战。

二、与黄海有关的史实

辽东地域与黄海有关的史实可以归纳为一个人物和一个历史事件，人物即毛文龙，历史事件即甲午中日战争——黄海海战。

（一）毛文龙

毛文龙（1576年2月10日—1629年7月24日），浙江钱塘县（今浙江省杭州市）人，为明朝抵抗后金的名将，历经万历、泰昌、天启、崇祯四朝，官至“左军都督平辽便宜行事总兵官”，赐尚方剑。辽东失陷后，毛文龙率100多人深入辽东敌后，开创了军事重镇东江镇，收复了一些失地，与后金展开拉锯战，战功卓著，有“海外长城”之誉，后被经略袁崇焕设计诱杀。

1. 镇江（今丹东）大捷

天启元年（1621年）春，后金大举入侵，明军虽经浑河血战，终不能抵挡而战败，沈阳、辽阳先后沦陷，后金占领了辽东大部，明军退守到以重镇广宁为中心的辽西地区。

1621年7月初，毛文龙率197名死士出发，深入敌后，先收复了长山岛、广鹿岛、石城岛、鹿岛等两千余里沿海岛屿，擒获后金守岛军官胡可宾、任光先、何国用等人。7月14日抵镇江（今丹东市）城下，探知城中后金军主力已出城抄杀百姓，遂暗通镇江中军陈良策为内应，率一百余人夜袭之，擒努尔哈赤妻弟佟养真及其子佟丰年、其侄佟松年等，随后派陈忠等袭双山，擒斩后金游击将军缪一真等，史称“镇江大捷”。此战后，宽甸、汤站、险山等城堡相继归降毛文龙，全辽震动，后金大恐。

“镇江大捷”是明朝与后金战争的首胜，扭转了一溃千里之局面，消息传到京城，朝野相贺，明廷破格升毛文龙为副总兵。

2. 牛毛寨大捷

天启三年（1623年）九月，毛文龙布置在后金统治区的细作飞报，努尔哈赤准备西征攻打山海关一线。为了牵制后金，毛文龙亲统三万大军，直捣后金故都赫图阿拉，以攻其必救。后金在赫图阿拉以南的崇山峻岭之中，设有董骨寨、牛毛寨、阎王寨三座要塞，深沟高垒，易守难攻，是其起家时的根本。九月十三日，毛文龙率部攻克董骨寨，激战至十六日，占领牛毛寨、阎王寨，将后金守敌全部消灭。十七日，后金军反攻，想夺回三寨，毛文龙设伏以待，将后金军包了饺子，大获全胜。努尔哈赤闻得后方生变，不得不放弃西征打算，率四万大军来救。考虑到孤军深入，师老兵疲，而牵制努尔哈赤的战略目标已经完成，毛文龙遂决定主动撤出战斗。

3. 毛文龙被袁崇焕所杀

皮岛也称东江，东西十五里，南北十里，与鸭绿江口的獐子岛、鹿岛构成三足鼎立之势，地理位置居于辽东、朝鲜、山东登莱二州之间。天启以来，明廷对毛文龙颇为倚重，“累加至左都督，挂将军印，赐尚方剑，设军镇皮岛如内地。”“毛文龙灭奴虽不足，牵奴则有余。”然而毛文龙部有贪功、冒饷、不肯受节制、难以调遣等问题，袁崇焕患之，与内阁辅臣钱龙锡谈到平辽事宜，认为毛文龙“可用则用之，不可用则杀之”，主张“先从东江做起”，集中精力对付毛文龙。

崇祯二年（1629年）五月二十九日袁崇焕以阅兵为名，乘舟至双岛，六月三日上岸，毛文龙率领的皮岛官兵列队欢迎。此时袁祭出尚方宝剑，宣布毛文龙十二条当斩之罪。袁崇焕说完十二条罪状后，面向京城方向请命“缚文龙，去冠裳”，斩毛文龙于帐前，众将痛哭。袁崇焕恐怕兵变，对毛文龙下属进行分钱，并把原毛文龙部下分为四份，分别由毛承禄、徐敷奏、刘兴祚与陈继盛率领。崇祯帝对于袁崇焕矫诏擅杀毛文龙是非常不满的。因为毛文龙本人也有一把尚方宝剑，为崇祯帝之兄天启帝所赐，无旨就杀他，有大不敬之责。但“念既死，且方倚崇焕，乃优旨褒答。俄传谕暴文龙罪，以安崇焕心”。

毛文龙在时，后金对明朝的军事行动都很短暂，也不敢走远。而毛文龙被杀后，后金欣喜异常，弹冠相庆，后金首领皇太极立刻起倾国之兵入关直扑北京，史称“己巳之变”。此后一直到明朝灭亡，后金（清）时常直犯中原，如入无人之境，保定、济南、兖州、高阳、固安、良乡等许多城市被屠城，数百万百姓遭到掳掠，这时候人们才意识到毛文龙的作用，但为时已晚。

4. 毛文龙碑亭

今天，在丹东大鹿岛的毛文龙碑亭内可以看到两块石碑，分别立于天启六年（1626年）和崇祯元年（1628年），其中崇祯元年所立之碑的正面铭刻着毛文龙的铮铮誓言："指日恢复全辽，神色苞孕于此，吾侪赤心报国，忠义指据于此。"碑的背面，镌刻着毛文龙等众将士的官职和姓名。此两碑的时间均是袁崇焕杀毛文龙前所立，不是被杀后所立，是不是当地百姓所立，有待考证。

"文化大革命"中这两块碑遭到了破坏，1979年，已成为文物的两块碑修复后，修建了庙式碑亭，并成为大鹿岛的重要旅游景点之一。

（二）中日甲午战争——黄海海战

首先来了解一下中日甲午战争——黄海海战——的背景。

日本方面，1868年，日本通过明治维新，开始走上资本主义道路，国力日渐强盛。当时的日本，正交叉进行两次工业革命，1888年，日本产业革命出现高潮，因此急需对外的商品输出和资本输出。但日本作为一个岛国，国内本身就资源匮乏、市场狭小，加之国内封建残余势力的浓厚及社会转型期各种矛盾的尖锐，因此以天皇为首的日本统治集团急于从对外扩张中寻求出路。

为此，1887年，日本政府制定了所谓"清国征讨策略"，逐渐演化为以侵略中国为中心的"大陆政策"。其第一步是攻占台湾，第二步是吞并朝鲜，第三步是进军满蒙，第四步是灭亡中国，第五步是征服亚洲，称霸世界。而甲午中日战争就是日本实现"大陆政策"前两个步骤的重要环节，由于其自身实力资源都不具备相应的条件，所以实行以战养战的策略来达到目标的实现。

中国方面，当时的中国处于清朝晚期，正往半殖民地半封建社会的深渊沉沦。从19世纪六七十年代起，清朝中的洋务派掀起了一场以"自强""求富"为口号的洋务运动。洋务运动在科学技术（特别是军事技术）方面向欧美看齐，因此清朝一度出现了"同治中兴"的景象。清朝于1888年正式建立了北洋水师，成为亚洲强大的海军力量之一，即使欧美列强也放缓了侵略的脚步，但清朝并未像日本那样变革国家制度，因此所谓的"中兴"也只是回光返照而已。此时清朝政治十分腐败，人民生活困苦，官场中各派系明争暗斗、尔虞我诈，国防军事外强中干，纪律松弛。

1. 甲午中日战争——黄海海战——史实

甲午战争爆发后，日本海军按原定作战计划，准备在黄海寻歼中国北洋海军。1894年9月17日，中日海军在黄海北部海域相遇，遂爆发了中国近代海军建军以来最大的一次海战，给中日战争而后的进程带来了重大影响。

黄海海战历时5个多小时，其规模之大，时间之长，为近代世界海战史上所罕见。海战的结果是北洋舰队损失“致远”“经远”“超勇”“扬威”“广甲”（“广甲”逃离战场后触礁，几天后被自毁）5艘军舰，死伤官兵千余人；日本舰队的“松岛”“吉野”“比睿”“赤城”“西京丸”5舰受重伤，死伤官兵600余人。北洋舰队的损失大于日方。黄海海战以后，由于北洋舰队嗣后不敢再战，日本基本上掌握了黄海制海权，对后来中日战争的进程产生了重大影响。从这个意义上说，北洋舰队在黄海海战中是失利了。失利的原因一是北洋舰队指挥失误，排出的阵形不利于进攻，发挥不了己方舰队在舰艇数量、大口径火炮和防护能力等方面的优势，开战不久即失去统一指挥，始终处在被动地位；二是“济远”率先逃跑，影响了斗志；三是弹药不充足。日方则充分利用其航速、中小口径速射火炮方面的优势，运用灵活的战术，掌握了战场主动权。但是，中国广大爱国官兵是英勇顽强的。他们在惨烈的战斗中，奋不顾身，临危不惧，表现了中华民族不畏强暴、敢于和敌人血战到底的英雄气概。他们的爱国主义精神值得后人永远记取。

2. 甲午中日战争的结果

甲午中日战争的直接结果就是签订了《马关条约》，内容包括：中国承认日本对朝鲜的控制；将辽东半岛、台湾岛及所有附属各岛屿、澎湖列岛割让给日本；中国“赔偿”日本军费白银两亿两；开放沙市、重庆、苏州、杭州四地为通商口岸等。《马关条约》是继《南京条约》以来最严重的不平等条约，它给近代中国社会带来了严重危害，是帝国主义将清朝变为半殖民地、半封建社会的一个重要的步骤。《马关条约》反映了帝国主义资本输出、分割世界的侵略要求。外国资本主义对中国的侵略进入一个新的阶段，中国社会半殖民地化的程度大大加深了。

第二节　辽东地域的海洋文化景观

辽东地域的现代海洋文化景观以丹东大鹿岛、抚顺皇家海洋世界等为代表。

一、丹东大鹿岛

大鹿岛度假区位于辽宁省东港市大孤山南19海里的大鹿岛上。大鹿岛是我国海岸线北端的第一大岛，面积约6平方公里，距大孤山码头9海里，形如一只马蹄，北高南低，岛上气候宜人，树木森森，是旅游度假胜地。大鹿岛四面环海，西海域与庄河、大连相连，东海域与大东港、丹东鸭绿江融汇，与朝鲜、韩国唇齿相依，海路可通全国和世界各港口，是国家批准的二类贸易口岸，特殊的地理位置构成了大鹿岛历来为辽东半岛海上据扼要塞。

1. 丹东大鹿岛简介

在大鹿岛的南面海域，是震惊中外的中日“甲午海战”的古战场。著名爱国将领邓世昌指挥的“致远号”巡洋舰当年就是沉没于附近的海底。凭吊甲午英灵，邓世昌和全体将士及“致远号”化为民族精神的象征，访古追今，让人慨叹。因此，大鹿岛现已成为闻名中外的爱国主义教育基地和避暑观光旅游胜地。

岛上有二郎石、嘎巴枣树、滴水湖、老虎洞、骆驼峰、邓世昌墓和邓世昌塑像、明代将领毛文龙碑、海神娘娘庙、英式导航灯塔以及丹麦教堂遗址等多处自然和人文景观。大鹿岛四面环海，盛产对虾、梭子蟹、海螺、杂色蛤、文蛤以及各种鱼类等上百个品种的海鲜，且以鲜活著称，为美食家赞不绝口。岛上气候宜人，海风轻飘，云雾缭绕。美丽的月亮湾、双珠滩，浪缓沙柔，为我国北部海角最大的天然浴场，也是浅滩拾贝、傍晚垂钓、大海冲浪、晨观日出、夜半听涛的理想去处。

大鹿岛因其特殊的地理位置，历来为兵家必争之地，明崇祯年间，辽东总兵毛文龙曾在岛上驻守，抵抗后金军入侵，率众将士立下“指日恢复全辽……吾侪赤心报国”的誓言。岛上立有碑碣，世称“毛文龙碑”。中日甲午海战就发生在岛前的黄海上，如今岛上高耸着“致远号”巡洋舰管带邓世昌的塑像。主峰上明代的旗语台、西山上的明代炮台、山巅海滨之间的石砌马道以及发掘出土的大刀、头盔、炮弹等，无不铭刻着昔日的烽火。而东山头英式的灯塔、丹麦的别墅，又增添了大鹿岛的异域风韵。

大鹿岛前的月亮湾，是一个天然浴场，海岸线长3公里，纵深1公里，坡降只有1米。滩沙细腻无海底礁石，为全国少有的优质浴场。游人可在滩上追波逐浪，乘船游弋海上。入夜，岸上霓虹灯倒映海中，五彩斑斓，岸上灯，水中灯，交相辉映，令人目眩。大鹿岛秀丽的风光、宜人的气候，独有的自然景观和人文景观，鲜美的海产品，为旅游业发展提供了十分丰富的开发资源。大鹿岛逐年加大以旅游服务为对象的基础设施，现正成为海上度假旅游胜地。

2. 丹东大鹿岛特产

梭子蟹，甲壳动物，十足目，梭子蟹科，梭子蟹属。古称蝤蛑，俗称白蟹，因其状似梭而得名。头、胸部两端突出，两螯较长，甲壳表面有紫云纹，产于近海。梭子蟹肉质细嫩、洁白，膏似凝脂，富含蛋白质、脂肪及多种矿物质。雌性梭子蟹在春季产子期间，本地人称为子蟹；入秋后肥壮异常，满壳生黄，称为膏蟹，最受青睐。食用的方法很多：可以蒸着吃，即将新鲜白蟹洗干净后蒸熟，去肚脐、内脏，就着酱醋或佐酒吃；也可以把白蟹切成条块，和着菜等炒着吃；也可以把白蟹切成小块，以食盐、黄酒、味精等腌渍，即可成美味的“蟹块”，是馈赠亲朋好友的佳品；冬至前后捕获的白蟹，肉肥膏红，整个放到盐水里，略加浸渍，便是闻名遐迩的“红膏抢蟹”，鲜美可口，诱人食欲，是高档酒席必备的冷菜。

杂色蛤（菲律宾帘蛤），生长迅速，养殖周期短，适应性强（广温、广盐、广分布），离水存活时间长，是一种适合于人工高密度养殖的优良贝类，是我国四大养殖贝类之一。

大鹿岛生产的杂色蛤历史悠久，滩质好，无污染，产品远销国内外。在产地食用杂色蛤可一饱口福。本岛冷冻加工的冻蛤、制作的罐头亦可在岛上买到，带回家乡馈赠亲友。

海螺属软体动物腹足类，产于我国沿海浅海海底，以山东、辽宁、河北居多，繁殖期在5—8月。海螺贝壳边缘轮廓略呈四方形，大而坚厚，壳高达10厘米左右，螺层6级，壳口内为杏红色，有珍珠光泽。螺肉丰腴细腻，味道鲜美，素有“盘中明珠”的美誉。它富含蛋白蛋、维生素和人体必需的氨基酸和微量元素，是典型的高蛋白、低脂肪、高钙质的天然动物性保健食品。

虾爬子，又名皮皮虾，学名叫“虾蛄”，俗称虾公驼子、琵琶虾、螳螂虾。皮皮虾多穴居，常在浅海沙底或泥沙底掘穴，穴多为U字形。口足类肉食性动物，多捕食小型无脊椎动物；此类动物身体能以尾肢摩擦尾节腹面或以掠肢打击而发声。

食用皮皮虾的最佳月份为每年的四至六月间，此时，它的肉质最为饱满。一般来讲，母的皮皮虾个头没有公的那么大，而另一种区分公母的办法是通常母的皮皮虾脖子部位都会有一个白色的“王”字，公的皮皮虾在大爪下分别有一个细细的小爪。

如果虾的颜色发亮、发青，那么就是新鲜的虾；如果颜色比较黑，不亮，那么就是不新鲜的。除此，还可以看虾头，如果虾头疲软，看似快掉的样子，那就不是新鲜的虾。还可以从虾的爪子上面看，爪子发红的虾也是不新鲜的，发青的才是好虾。

二、丹东獐岛

獐岛是辽宁省大孤山风景区的重要组成部分，位于丹东东港市北井子镇7海里的南黄海海面之中，景区面积15平方公里，其中陆域面积2平方公里，是我国万里海疆的第一座岛屿，闻名遐迩的避暑、观光、休闲、度假旅游胜地。獐岛由一陵六石宅、四礁组成，陵石横东西，蹲卧两翼，礁居其间，陆域面积2平方公里，岛民100多户，500多人。海岛保留了古老的渔村，被专家称为“旅游处女地”。獐岛山石犬牙交错，有老雕窝、鹰嘴石、老猪礁、乌龟砣子，形态逼真，灌木碧野，曲径小路用贝壳铺盖，别有情趣。登岛主峰远眺可见孤山。

獐岛环境优美，气候宜人，空气清新，风光旖旎。山清崖秀，海天相连，一望无际。碧波汹涌，浪击怪石，成群的海鸥翱翔蓝天，嬉戏碧水，追逐波浪。日则白帆，云朵点点，夜来渔光，星光不辨。獐岛金滩浴场集蓝天、碧海、绿岛、墨峦、海堤为一体，滩面平坦，白沙盖石，是天然的海水浴场。漫步沙滩，礁岩天成，峰回路转，目不暇接。游客在这里观潮、听涛、赶海、洗浴，领略海岛美景，尽情享受大自然的恩赐。獐岛万亩环岛滩涂是水产养殖的天然沃土，盛产海蛎子、蚬子、螃蟹、海蜇、鱼虾等海鲜。淳朴的民风、浓郁的海岛风情、传统的渔民生产和生活习俗在岛上传承至今。

三、抚顺皇家极地海洋世界

抚顺皇家极地海洋世界位于沈抚交界的高湾经济开发区，它是国家AAAA级旅游景区。

抚顺皇家极地海洋世界由马来西亚建荣国际集团投资，占地600亩，是目前亚洲最大的海洋主题乐园，将海底的神秘、海岸的惬意与陆地的快乐融为一体。游览项目包括：极地区、白鲸展示区、巨鲨喂食区、大堡礁美人鱼表演秀、海豚表演馆、热带雨林区、四大主题海底隧道区、海洋科普区等。

景区有六大特点。一是有白鲸、海豚、海象、海狮、企鹅、北极熊、海豹等珍稀极地海洋动物。二是国内最大的海洋动物表演馆。拥有3000多个坐席的海洋动物表演馆，每天演出水上华尔兹、水上芭蕾、跳水表演、空中飞跃、破浪顶球等精彩节目。三是海底隧道。在热带海底花园，有美人鱼浪漫童话故事，亲自触摸鲨鱼、喂食海豹等项目。四是大型儿童游乐场。有儿童游乐机、嘉年华机、礼品机、娱乐机、音乐机、模拟机、娃娃机等。五是特色美食精品购物。有各地风味美食、特色小吃、西式快餐、休闲水吧、茶室、时尚饰品、休闲T恤、玩具等。六是水上乐园。有大型水上娱乐码头、摩托艇、快艇、滑水、高空飞伞等。

第五章　辽东地域的山水旅游文化

所谓“山水旅游文化”，就是山山水水中蕴含和引发的文化现象。辽东地域众多的名山胜水，不仅自然景观雄奇秀丽，而且积淀着深厚的文化，闪耀着灿烂的异彩。

第一节　辽东地域的名山、名洞

辽东地域的优越的自然环境造就了其多山、多水的自然骨架。

一、辽东地域的名山

辽东地域山清水秀，名山众多。

1. 关门山国家森林公园

关门山国家森林公园，位于辽宁省东部山区的本溪满族自治县境内，距本溪市东南53公里处，因双峰对峙，一阔一窄，一大一小，其状如门，故称关门山。公园占地3517公顷，海拔310~1234米，森林覆盖率95%，园内植被保存完好，古树名木众多，风景秀丽，是一处集旅游、观光、避暑、度假、休闲于一体的森林旅游景区，是全国著名枫叶观赏区，也是辽宁50佳景之一。2002年被评为国家AAAA级旅游景区，是辽宁省旅游协会会员单位，并被指定为辽宁省作家协会创作基地。

关门山有“小江南”“东北小黄山”之美誉。它有五美：山美（山峰奇峭、俊秀）、树美（秋日红枫、冬日峭壁树挂）、水美（小溪、飞瀑）、花美（木兰、杜鹃遥相呼应）、云美（清晨雨后，云雾缭绕似轻纱）。森林公园内有四大景区：小黄山景区、夹砬子景区、龙门峡景区和月台子景区，计108处景点。各景点或山姿奇秀，或峡谷幽邃，或林荫遮蔽，移步换景，遐想万千。景区中尤以夹砬子景区内的“雄师镇岳”和龙门峡景区内的“晶帘瀑布”最为壮观。“雄师镇岳”山岩壁立，颇像雄狮，怒目圆睁，镇守关隘。“晶帘瀑布”形如雪浪，三折跌宕，断落处溅起朵朵水花，泻入清潭，轰鸣震耳。特别是昆明世博会首次参展的本溪市市花——天女木兰和秋天万山红遍、层林尽染的枫叶，已成为关门山国家森林公园内最为独特的自然景观。园内四季风光各具特色。春日，山花烂漫，五彩缤纷。夏日，宛若瑶池仙境，又如九重洞天。在景区内漫步，可随处听到山鸟啾鸣，可随处看到彩蝶飞舞，偶尔也可看到山兔、狍等从林中穿越，野趣横生，国家二级保护动物鸳鸯戏于水中，黑熊也时常出没。森林公园自然风光旖旎，四季游人如织。森林探险，竹排漂流，双人骑自行车，野餐烧烤，常使人驻足忘返。

【补充阅读1】辽宁本溪国家森林公园

辽宁本溪国家森林公园建立于1991年11月，位于辽宁省东部素有“燕东胜境”之称的本溪满族自治县境内，总面积6666公顷，由关门山森林公园、铁刹山森林公园、汤沟森林公园3处风景区组成，是以森林、峰岩、溪泉、气象、季象等自然景观为主，以人文景观为点缀的森林生态型风景区。

本溪国家森林公园，其风景资源可划分为森林风景资源—景观类型—景观要素—景点4个系统层次，以及林景、山景、水景、生物、天象、温泉、历史遗迹、革命文物8个系统。

林景，包括由种类繁多的乔木、灌木、草类及其花、果、色、形组成的林相分布，四季景色、奇花异草、名木古树、群落结构等绚丽多彩的森林景色。

山景，包括奇峰、险崖、石洞、溶洞、怪石等，以及与森林植被相互组成的幽雅俊秀的山地地貌景观。

水景，包括河、溪、潭、湖、库等组成动态、静态组合的水体景观。

生物，包括森林植物、野生动物、森林昆虫，特别是珍贵濒临危植物、动物、昆虫等，所组成的五彩缤纷的生物景观。

天象，包括云、雾、雨、冰、光形成变幻莫测的云海、雾海、雨凇、雪原、冰晶、日出、日落等奇异的天象景观。

温泉，包括天然温泉、热水井及利用温泉热水资源修建的水浴、游泳医疗保健设施等。

历史遗迹，包括道教活动的宫、观、彩塑、摩崖石刻、碑碣等古迹，以及神话传说、历史典故、满族风情等。

革命文物，包括抗日联军将领杨靖宇、宋铁岩等民族英雄战斗遗址、传奇故事、纪念碑，以及20世纪70年代修建的国防工程等。

【补充阅读2】关门山生态园

关门山生态园位于本溪满族自治县小市镇陈英村，又称关门山大峡谷景区。生态园内生物资源丰富，动植物种类繁多，园内栖息着大量野生动物，是天然野生动植物园。土耳其亲亲鱼疗和高山穿林滑水项目，增加了景区的娱乐性和趣味性。

2. 五女山

五女山位于本溪市桓仁县城东北8公里的浑江西北岸。山体呈长方形，主峰海拔821米，南北长1500米，东西宽300米，峭壁垂直高度200多米，相传唐朝有五女踞山为伍。这里是高句丽民族文明的发祥地。公元前37年，北夫余王子朱蒙因败于宫廷之争流亡至此，在山上建立高句丽第一王城，史称纥升骨城。明永乐二十二年（1424年）建州女真族第三代首领李满柱率军挺进辽宁，便驻扎于此山。因此，五女山也是满族文明的发祥地。

五女山山城于1996年被评为国家级重点文物保护单位，1999年被列为全国十大考古发现之一。2002年五女山景区被评为AAAA级景区，2004年五女山山城荣登世界文化遗产名录。

3. 九顶铁刹山

在第三章“辽东地域的宗教文化”中已做了专题介绍，在此仅从景观特点做进一步分析。

铁刹山风景区是本溪满族自治县境内一个较好地融合了自然与人文景观的旅游景区，特征明显。铁刹山的旅游资源的特色与优势是：

第一，具有浓郁的道教文化特色，历史悠久而积蕴深厚，遗存史迹众多，文化优势极其明显；

第二，各类历史文化遗产丰富，尤其是摩崖石刻具有较高的研究和艺术价值，为本溪满族自治县境内仅有；

第三，山体和生物自然景观突出，主要优势在于山势险峻，适于登顶赏景。

铁刹山还是一处国家级森林公园，景区内森林面积599公顷，森林覆盖率为95%，现为国家AA级旅游区。

4. 凤凰山

凤凰山位于辽宁省凤城市，属长白山余脉，面积216.875平方公里，最高峰“攒云峰”海拔836.4米，被誉为“国门名山”“万里长城第一山”“中国历险第一名山”。自然景观的特点是集“雄”“险”

“幽”“奇”“秀”于一身。

凤凰山历史悠久，南北朝时期称“乌骨山”，隋末唐初称“熊山”，唐朝贞观年间唐太宗李世民御驾东巡，游览此山时，听说有“凤凰拜祖”的传说，遂赐此山名为“凤凰山”。后“平辽王”薛仁贵为了威慑各附属国，使其永不背叛大唐，在距凤凰山四十里处的发箭岭，开振天弓，搭穿云箭，对准凤凰山方向振臂一射，神箭穿凤凰山而过，落入鸭绿江中，自此便有“神弓射箭眼，一箭定辽东”之说，迄今已有1300多年的历史。

凤凰山由东山和西山两大景区组成，以秀美的自然山岳风光称绝，以独特的宗教人文景观为特色。著名险景“老牛背”“天下绝”“百步紧”使人望而却步，过而叫绝；“凤凰洞”“通玄洞”等古洞曲径通幽，别有洞天；“山云铺海”“涧水飞涛”等十大景观连绵浩瀚，美如仙境；“圣源”“丹泉”等山泉水如玉露琼浆，沁人心脾；“杜鹃”“天女木兰”等奇花异草香飘四野，让人心醉；“石壁鹤影”“金龟求凰”等奇石形神兼备，活灵活现；“紫阳观”“朝阳寺”等庙宇古刹雕龙画凤，庄严肃穆；“箭眼峰”“拜祖石”等景点传说优美，令人神往；“中流砥柱”“直上青云”等摩崖石刻功力不凡，永世流芳；“凤凰山城”“解放纪念塔”等名胜古迹庄严肃穆，雄伟壮丽；“仙人座”“聚仙台”等翠叠丹崖，葱郁流丽。朝阳寺的三层殿内供奉着世界唯一的正法明如来佛，每日晨钟暮鼓，禅声悠悠。新开凿的凌空栈道全长约1100米，南起观音阁，北至苍龙岭，蜿蜒曲折似一条腾空而起的飞龙，构成一条回环曲折的旅游路线，在此沐风、听涛、观景，深感大自然的造化与人工雕琢的完美融合。

山下的凤凰山山门，在凤凰台、广场、绿地、花坛的衬托下，气势雄伟壮观。东山景区现已铺设了旅游步道，设有景亭、景桥等景点，游人可在此看日出、戏水、听泉、赏瀑。从“解放纪念塔”至“将军峰”的凤凰山索道，全长800延长米，共有缆车92部，可同时搭乘184人，既为游人从不同角度欣赏凤凰山美景提供了方便，也为年老体弱的人登山历险创造了条件。

凤凰山的自然风光优美，历史积淀厚重，宗教文化迥异，民俗风情诱人，是一处集休闲旅游、品味自然、寻幽探险于一体的佳境。

【补充阅读3】凤凰山解放纪念塔

凤凰山解放纪念塔位于凤城市凤凰山紫阳观西南侧，建于1946年5月，是凤城人民为纪念1945年“九三”东北解放而建的，故称

"解放纪念塔"。塔高7.11米，由花岗岩石砌制而成。纪念塔右侧刻有时任凤城县参议长王者兴的"凤山二千尺，龙源十万家，结得和平果，开遍自由花"和副议长曲径的"没有共产党，就没有东北人民翻身解放"的题字。塔的左侧有时代县长关继武的"清偿十四年血债，做东北民主新主人"和副县长王范九的"十四年痛苦因不抵抗主义出卖，八一五解放赖民主联军的流血"的题字。

5. 天华山

天华山风景名胜区位于辽宁省东部山区的宽甸满族自治县灌水镇北部，为长白山脉西南麓海拔1100多米的高寒林带区，景区总面积63平方公里。"白龙涧""青龙涧""玉龙涧""天华峰""西谷顶"五大景区浑然一体，这里的奇峰、怪石、森林、古木、洞峡、幽涧、瀑布、溪水的自然之美，相映生辉，它的奇妙、清幽、雄险和润秀，以及密集型、高品位的自然景观资源，被专家们誉为"旷世佳境，万景奇山"。

天华山以峰奇、峡险、涧幽、水秀为特色。其雄奇峻拔的天华峰、神采奕奕的毛公峰、坐立云端的观音峰、栩栩如生的狮头峰、高耸九天的御玺峰、跃上云头的海豹峰等十八奇峰构成了天华山的云天景观；气势雄伟，令人望而生畏、攀而心惊的通天峡和天门风道、龙脊险崖可谓"天下一绝"；三涧六谷清幽幻化，沁人心脾，奥妙天成，称为景观极品实不过分；天华山之水更是清澈缠绵，瀑布、溪水从巨石上飞泄，从怪石间跳绕，为浩瀚的天华山注入了灵性和活力。

6. 青山沟

青山沟位于辽宁省丹东市宽甸满族自治县境内北部山区，距宽甸县城70公里，距丹东市城区175公里，距省会沈阳市245公里，全景区由八大景区构成，已开发出"虎塘沟""青山湖""飞瀑涧""中华满族风情园"四大景区，景区面积149.8平方公里。其中水域面积23.3平方公里。景区内有126个景点，大小瀑布36条。这里有浓绿的森林、清澈的江水、幽深的峡谷、宁静的深潭，宛如"童话世界"，被联合国专家列为全球六大无污染的自然景区之一。2002年5月，辽宁省青山沟风景名胜区经国务院批准列入第四批国家级风景名胜区名单。

虎塘沟景区树木苍老遒劲，林荫蔽日，溪流潺潺，幽谷深深，有黑熊望月、九曲天水、老虎背、仙姑瀑、虎啸瀑、"响溪"、"叮咚泉”等景点，被末代皇帝溥仪之弟溥杰先生称为“虎塘幽境”。

青山湖景区水域辽阔，长达百里，水深30~120米，“两岸青山相对出，扁舟荡破水中山”。望夫台、“松神”、“青铜壁”、“盛夏冰凌”、“参王峰”、“小仙台”等景点，临水即观山景，登山可望水秀。景区内，备有游船、快艇、豪华龙舟，同时能载运300名客人游湖、观瀑、览胜、敬庙、拜佛、垂钓、购买山货。冬季的青山湖，银装素裹，更别有一番北国风情，湖上雪橇载客漫游，观冰上秧歌，听松涛荡谷，品山珍海味，赏名家书画，让游客尽得低消费高享受的山野乐趣。

飞瀑涧景区有闻名遐迩的辽宁省第一大瀑布——“青山飞瀑”，它从32米高的断层峭壁上飞流直下，状如玉带银河，气势磅礴，动人心魄。“仙女潭”“镇水石”“小石径”“观瀑亭”将会使您流连忘返。“刘青山烈士墓”“杨靖宇抗联指挥部遗址”“靖宇泉”等景点，将带人踏上一段“红色之旅”。

中华满族风情园是展示中华满族民俗风情的第一园，占地面积3.6万平方米。园内所有建筑既有清宫特色又有民俗风韵，满乡戏院、满族百居园、体育游乐场和规模浩大的民俗馆、祭祀园、跑灯阵、关圣帝庙和民俗风情园，将游人引入远古的满族部落。在此可以看到满族发祥的历史和民族壮大与失败的悲壮历程；可以看到满族古老的生产、生活方式和满族和谐的家庭生活；可以看到满族古老的“萨满教”的宗教仪式和满族祭祖仪式及巫师跳神的场面；可以看到满族传统的说唱《子弟书》和古朴轻盈的满族舞蹈、音乐及惊天动地的满族锣鼓；可以看到满族妇女在家庭中的和谐欢乐的生活，她们擅长刺绣、纺织等家务劳动以及满族农家的经济生活；在民风大院里再现了关东山“三大怪”（窗户纸糊在外、大姑娘叼烟袋、养了孩子吊起来）的生活习俗。中华满族风情园以古朴典雅和错落有致的建筑风格，色彩斑斓和底蕴丰厚的民族风情，格调高雅和扣人心弦的满族文化，赢得了广大游客的赞许，被中国社会科学院满族研究所誉为“中华满族第一园”。

【补充阅读4】青山沟的特色之旅

特色之旅1：满族风情

到青山沟旅游，品味满家寨的民俗歌舞是让人流连忘返的一个理由。欣赏寨子里的民俗歌舞表演是不收费的。这些汲取了满族民族民俗歌舞精华的节目，已成为青山沟乃至满乡宽甸之旅的一大亮点。满家寨的民俗歌舞多得两三日看不完。

满家寨婚俗表演，从正日子的“亲迎”开始，到寨中满族民居“在旗人家”闹洞房结束。将满乡婚俗正日子这一天的程序逐一演示给游人，或由游人亲身体验满族婚礼的喜庆过程。仪式从满家寨的寨门开始，新娘上轿，蒙盖头，由仪仗、吹打、傧相、亲友等陪同，新郎则骑上马，走进寨子，一路上过几道寨门、寨中广场、满清园、水安河廊桥，直到寨中的满族民居——在旗人家。然后便是“劝性”“射三箭”“拜北斗”“抱宝盆”“坐帐”“开脸”“揭盖头”“合礼”“过火盆”“过马鞍子”“入洞房”等。

在旗人家是典型的满族民居，同时也是一阁满族民俗馆，院内有索伦杆、轱辘井、粮仓、牲口棚、酿酒作坊等。屋内全是传统的满族民俗生活场景，所有器物如摇车、烟笸箩、祖宗匣子、枕头顶、炕席、火盆、炕桌儿等，均是满家旧物。这些旧物使游人在体味内容丰富的民俗婚礼庆典的同时，更多地了解了满族民俗生活的历史。满家寨是丹东满族文化旅游的一个窗口。

满清园是寨中最显眼的建筑，一进寨子，就会看到满清园的黄泥墙上贴着满族脸谱和檐下的三色布幔。这幢两层的泥墙圈楼，是满家寨的寨中寨，给人一种堡垒的感觉。许多人进去之前，会注目满清园大门上的足有真人大小的门神和对联。

在园中的水上戏楼闲音阁，游人将会看到民间艺人表演驴皮影、东北大鼓、二人转。正如闲音阁的对联所讲，当真要“听好听好听听好，好听好听好好听”。俗话说“你方唱罢我登场”，每天晚上，当寨子里的歌舞表演结束了，满清园这边的好戏就开演了。在闲音阁上表演的都是地道的好戏，表演的都是地道的民间艺人，他们充满乡土气息的表演为寨子增添了又一道风俗风景线。

特色之旅2：枫叶之旅

来青山沟赏遍山红叶，早已成为秋季出游的重头戏。青山沟的秋色，不只是艳丽尽染，不只是璀璨欲滴，而是红中夹着黄、带着绿，漫山遍野红、黄、绿相间的枫叶在风中摇动。秋高气爽之时，在青山沟景区，总能见到结伴出游、欣赏遍山红叶胜景的人潮。在众多人的眼中，红叶是美丽的化身，是成熟的标志，是收获的赞歌，是思绪的结晶，更有人把她当成赤子之心的象征。看到满山枫叶红艳，人们当然会发出“霜叶红于二月花”的赞叹！

特色之旅3：红色之旅

杨靖宇指挥部遗址早在1990年做出风景名胜区总体规划后，便在滴水砬子（飞瀑涧）景区设立了抗联军部遗址景点，1998年树立了杨靖宇绿豆营抗日纪念碑，并被列为丹东市级文物保护单位。

“仙女潭”北面山峰上就是当年杨靖宇将军的临时指挥部遗址，现在还可以看到当年抗联战士构筑的战斗掩体，峭壁上还依稀可辨战斗的弹痕。那里的一湾泉水就是“靖宇泉”，是当年抗联战士饮用的泉水，当年掩护杨靖宇将军而牺牲的刘连长的坟墓，墓碑尚存。

在青山飞瀑南面的山上，有一处约两米宽的山崖豁口是“通天门”，两边是悬崖峭壁，当年抗联战士就凭此天险与敌人巧妙周旋，取得了一次又一次的胜利。穿过“通天门”可达“将军岭”，“将军岭”上有抗联战士修筑的防御工事遗迹，有抗联战士血洒疆场的无名坟墓。

特色之旅4：滑索

青山沟滑索位于飞瀑涧景区内，乘客穿戴柔性吊具，悬挂在滑动小车下，以斜拉的两根钢绳为轨道，利用重力，从高处向低处飞速滑下。滑索运动充满速度感和刺激性，可以轻松跨越山谷、河流、湖面等障碍，让乘客体会到凌空飞渡的新奇感受，因此深得游客尤其是年轻人的喜爱。

【补充阅读5】青山沟抗联遗址

青山沟抗联遗址位于宽甸满族自治县青山沟镇，地势险峻，风光秀美，曾是东北抗日联军浴血奋战的主战场。抗日名将杨靖宇将军当年曾率领抗联一军以青山沟为依托，在宽甸东部山区开展抗日游击战争，五进青山沟建立密营，邀集义勇军、山林队加入抗联，成立反日会等群众组织，粉碎了日寇无数次的进攻和扫荡，用热血英魂铸就了可歌可泣的不朽丰碑。“通天门”“靖宇泉”“忠魂洞”“将军岭”“抗联小路”等遗址，留下了当年抗日英雄的战斗足迹。青山沟的抗联历史遗迹和秀美的自然风光既是红色旅游、休闲娱乐的好场所，更是进行爱国主义教育的好课堂。

7. 蒲石河森林公园

蒲石河森林公园位于凤城市赛马镇，距凤城115公里，距本溪120公里，距丹东165公里。丹东、凤城有班车直达。凤城市第一高峰——海拔1208米的和尚帽子山——就位于公园内，园内石怪水清，瀑布较多，是凤城市唯一保存下来的原始森林所在地，森林面积3300多公顷，林木蓄积量26.8万立方米，森林覆盖率达90%以上。蒲石河森林公园是东北“三宝”——人参、貂皮、乌拉草——的产地和许多珍稀生物的故乡。

公园内有兽类37种，鸟类96种，蝶类184种。蝶类品种之多、数量之大，仅次于云南的蝴蝶泉。1983年被丹东市政府批准为市级风景区，1999年被辽宁省政府批准为省级森林公园。蒲石河以独特的原始森林景色、五彩缤纷的生物群落、四时变幻的奇山丽水，吸引着中外游人。蒲石河森林公园内，山峰连绵起伏，雄浑险峻，生长着茂密的原始森林，树种繁多，原始生态保持良好，有多种野生动物，水源充沛，河水甘洌清澈，自然景观秀美迷人。景区内留有多处金日成、杨靖宇和东北抗日联军活动遗址。

8. 高尔山公园

高尔山公园位于抚顺市区北高尔山上，占地240公顷。园内建有皇家古典园林建筑锁阳槐荫、锁阳楼、配殿、八角亭、五角亭及长廊等，这里有距今900余年的辽代八角九级密檐式古塔，有清代的古刹观音阁，有土门叠翠、松林杏雨、万山朝塔、登道流丹等景观。公园内地势起伏多变，海拔高度80~230米之间。“山逼诸天，到此已穷千里目。门依半岭，何须更上一层楼”，在高尔山上可一览抚顺全市风光。

9. 王杲山

王杲山又称萨尔浒风景名胜区，素有小青岛之美誉。景区是以大伙房水库水面为中心，以沿水库四周的群山、岛屿为框架的大型山水名胜园林，这里既有云山淡淡、烟水悠悠的湖泊水乡风貌，又具峰峦叠嶂、溪谷纵横的山岳景观特点，萨尔浒的山水景观使人心旷神怡，流连忘返，被誉为镶嵌在辽东大地上的一颗风景明珠。

王杲系人名，是建州右卫指挥使，据历史考证，王杲是努尔哈赤的外公。由于王杲多年在此山筑城守寨，故后人称此山为“王杲山”。明嘉靖三十六年（1557年）十月，王杲率领建州女真部众，杀死守备彭文洙，同时掠夺东洲、会安诸堡。王杲杀死朝廷命官，掠夺边堡，引起朝廷极大的震惊。明嘉靖四十一年（1562年），明廷命辽东副总兵黑春率兵讨伐王杲。几经辗转，几经起落，明万历三年，王杲在萨尔浒一带的山上被俘并被解往京城处死，后来此山被称为王杲山。此事也成为努尔哈赤最后伐明的“七大恨”之一。

萨尔浒风景区的总面积达268平方公里，其中水域面积（辽宁省大伙房水库）110平方公里。萨尔浒风景区融悠久的清前史迹和秀丽的湖光山色于一体，以浩瀚的水面、起伏的群山、茂密的森林著称。加之闻名的萨尔浒大战、清朝五位皇帝东巡等历史古迹与悠久的满族文化，构成了萨尔浒风景区独特的自然景观和人文景观，被誉为辽东大地上的一颗“璀璨明珠”。“王杲山”是萨尔浒风景区的核心。王杲山自身不高，面积也不大，但三面环水，东南两面是悬崖峭壁。山上林木葱郁，风景秀丽，山中亭廊楼阁别致，若隐若现。杲城烟雨，依山傍水，亭廊曲折，墙上镌刻清前史壁画。此处可远眺群山，俯览碧波。

【补充阅读6】女真发展史上承上启下的重要人物——王杲

关于满族英雄努尔哈赤的故事与传说，像《罕王出世》《小罕葬父》《老罕王起兵》等，很多人都耳熟能详，但是，在建州女真的崛起史上，在努尔哈赤成名之前，还有一位至今仍为满族人民所称道的罕王，则很少有人知道了。这个英雄，就是王杲，一位在建州女真发展史上有着承上启下重要作用的人物。

王杲（1528—1575年），明代建州女真人，曾任建州右卫都指挥使。史书上称：“王杲为人聪慧，有才辩，能解番汉语言字义，尤精日者术，舞智而强悍。”嘉靖年间后期，王杲控制了建州各部通往抚顺、清河等马市的货源，贩卖貂皮、人参、松子等辽东特产，经济实力日益增强。嘉靖末年，经明廷批准，王杲成为建州卫都指挥使，被视为与王台、王兀堂齐名的女真三大巨酋之一。

王杲并不满足于都指挥使一职，每每在自己的部众面前都自称都督，并让人称他为“马法”（即满语老爷之意）。他网罗了一大批部将，名震边外。王杲自认为自己的力量强大以后，对明廷方面采取了强硬的反抗态度。在以武力对抗挑衅明边军吏的同时，王杲还利用明廷边吏贪财好货的特点为自己谋利，强行索赏。

隆庆六年（1572年）春，贾汝翼就任抚顺备御，试图改变以往马市贸易中的一些陋习，重振汉官威仪，遂榜掠酋长，严格查验入市马匹，王杲乃率诸部头目怏怏而去。迫于压力，明廷决定“先抚后剿”，并由王台出面，约请王杲前往抚顺关，与明朝边吏约定自浑河“迤南以至马根单堡，悉以属杲”。

与此同时，辽东御史张学颜接受了李成梁的建议，决议移孤山堡于张其哈甸，移险山五堡于宽甸、长甸、双墩、长领等地，既占据了明长城与鸭绿江之间群山环抱中的膏腴之地，又从东南方向迫近了建州女真的根据地，扼制了建州女真的拓展之势。

此次盟誓后，抚顺边外平静了近两年。但是到了万历二年（1574年），这种平静又被打破了。事因之一是张学颜提出要查验王杲的敕书。于是王杲又故态复萌，再次入边抄掠。事因之二是这年七月，王杲部下奈儿秃等4人投向明边，而为明将所接纳。由于这是明方违反了两年前的盟约，王杲手下的得力干将来力红“追亡至汉塞”，向抚顺备御裴承祖要人，裴承祖不予理会，来力红“乃纵三十余骑入核桃山台，虏我夜不收尤清等五人”。裴承祖召来力红到抚顺关，索要被俘人员亦不可得。裴承祖带300余骑直入来力红寨，以武力相威胁。得知此事的王杲迅速赶回，和来力红一起，将裴承祖等人困于寨中。抚顺明军闻讯后，“乃逮夷人三十九口系狱”，作为人质，同时派出把总刘承奕带兵增援。结果裴承祖、刘承奕以及百户刘仲文等人均被王杲、来力红等人杀死。这就是有名的“裴承祖被杀事件”。

王杲等人的行为，给辽东军民造成了极大惊恐，也引起了明廷的高度重视。明廷首先将明军部署在马郡单、馒头山一线，截杀入抢的王杲部将，一方面命令王台搜捕王杲与来力红，同时取消了王杲的入市资格，从经济上制裁王杲。于是王杲纠集了3000余名骑兵，从五味子冲入边，准备大举抄掠，不料正中明军的埋伏，王杲兵大败而逃，都跑到古勒城躲了起来。

万历二年（1574年）十一月初十，辽东总兵李成梁率师6万，携火炮、火枪、火箭等大量火器，直捣古勒。最终因敌众我寡，力不能支，来力红等十数名王杲部将战死，明军斩首1104颗，夺获牛马525头，赢得了胜利。王杲只身逃出古勒城。

万历三年（1575年）二月，满怀愤恨之心的王杲再次纠众入边，意图报复，结果被早有准备的明副总兵曹簠击溃，王杲逃向阿哈纳寨。明军追剿而至，王杲无奈，将自己身穿的“蟒挂、红甲授阿哈纳”，在阿哈纳的拼死掩护下方得以逃脱。

王杲逃脱后，本欲往蒙古泰宁卫首领速把亥土蛮处避难。后“度生平惟王台相得甚欢，意欲假台以为因缘，于是归台”。但此时的明廷已不肯善罢甘休，他们一方面将王杲部下觉昌安收于抚顺关内为人质，一方面遣其部属访查王杲的下落，终于侦知了王杲的匿身之处。与明廷关系一向密切、“顺而又顺”的海西女装首领王台，在明军的重兵威压之下，权衡利弊，终于下定决心，于七月初三同其长子虎儿罕，带兵前往王杲暂住的石三头儿寨，逮捕了王杲及其家室27人，一代建州女真名酋王杲，就这样死于北京，时年47岁。

王杲死后，其子阿台、阿海为报父仇，继续与明对抗。久攻不克之下，明军改用火攻，并命尼堪外兰、觉昌安等入城招降，城内之人遂在威胁利诱之下，杀死阿台，献城投降。明军入城后，大肆杀掠，共斩首1039颗，缴获器械、囊驼、马牛羊无算。至此，王杲单纯以武力抗明的历史，终于以父子皆被杀而告终。这其中，努尔哈赤的祖父觉昌安、父亲塔克世也死于乱军之中。

王杲在女真发展史上的地位功不可没，正是他用对明军攻击频频得手的事实，证明了明军并非不可战胜，同时，他以自己的失败，证明了单纯的军事对抗，只能给自己带来死亡。以后努尔哈赤的崛起，虽然继承了王杲的遗风，但采用的策略却更加高明，这不能不说是吸取了王杲的教训，因此，民间传说中王杲与努尔哈赤的关系如此密切，也就不足为奇了。

10. 绿石谷（本溪汤沟国家森林公园）

绿石谷隶属于辽宁本溪汤沟国家森林公园，因谷中石上苔藓碧绿、大小瀑布众多而闻名。距本溪水洞35公里，公园面积2.167公顷。森林覆盖率为90%，植被完好，生态原始自然。“绿石谷”“和尚帽子”两大景区浑然一体，三沟九瀑、五峰峭苍穹、五女峰、双龙潭、南北天门瀑布等百余处景点构成了一幅巨大的天然画卷。

绿石谷姿态最飘逸的枫树就是枫仙，即枫树之仙、枫中仙子，它因为枫叶红得最早、落叶最晚、红得最鲜艳、姿态最飘逸、角数最齐全而闻名。

11. 老边沟

老边沟景区位于辽宁省本溪满族自治县东营坊乡南营坊村，景区面积22.8平方公里，由拥硌河、石阵坡和万象谷三大浏览区组成，是辽东走廊、本溪旅游干线上的一个重点的旅游观光区。这里是一个神奇而多彩的人间仙境，她因绵绵的群山而美，因潺潺的流水而秀，更因“层林尽染，五彩花山”的枫叶而名扬天下。

老边沟景区包括巨石川、万象谷两大游览区。

巨石川游览区峡谷逶迤，大石聚集，主要显现在拥硌河、石阵坡上。拥硌河巨石挤挤，错落无序，石阻水流，水绕石转，形成多处急滩、深潭、飞流、叠幔，水声轰鸣，白浪滔天。拥硌河自然景观奇特，人文景观（东北抗联遗址）闻名。石阵坡由石峰岭及林下石海构成，岭上十几座石峰如堆如砌，如斧如凿。林下石海方圆上千亩，可谓是巨石卧林川，树木掩苍天。

万象谷，原称车轱辘沟，位于老边沟的东岔。其特点是峰高岩密，怪石林立，林荫茂密，溪水泛绿。尤其是老麦垛游赏区，岩峰更高、更密，狭峡千回百折，形成天然迷宫。老麦垛是本溪、宽甸两县的界山，站在峰巅之上，可见两地风光。

12. 老秃顶子国家级自然保护区

老秃顶子国家级自然保护区位于辽宁省桓仁县、新宾县交界处的八里甸子、华来、平顶山3个乡镇内。保护区前身为桓仁县木盂子林场，1981年经辽宁省政府批准为省级自然保护区，1998年升格为国家级自然保护区。

保护区属森林动植物类型保护区，主要保护对象是森林生态系统及野生动植物资源。截至2011年，保护区总面积15217.3公顷，有被列为国家级重点保护的野生动物23种、被列为国家级重点保护的珍稀濒危野生植物17种，其中列入国家一级保护植物的有人参、紫杉、黄檗3种，列入国家二级保护植物的有双蕊兰、黄檗、刺人参、刺楸、核桃楸、红松、水曲柳、紫椴、钻天柳、天麻、平贝母、野大豆、黄菁、狭叶瓶儿小草14种。双蕊兰是一种有“活化石”之称的孑遗植物，为保护区的独有物种。

老秃顶子山主峰海拔1376.3米，是辽宁第一高峰。自然景观有冰壶沟的云天瀑布、百瀑川；靖宇潭，古树参天，暖流潺潺；天桥河的蟾蜍石、盘龙腾等。人文景观有抗日英雄杨靖宇将军战斗过的地方：抗联司令部、兵工厂、练兵场等历史遗址。

13. 枫林谷森林公园

枫林谷森林公园位于桓仁满族自治县南部，区域面积2583公顷，地处长白山余脉，三面环山，最高峰八面威海拔1288米，是辽宁为数不多的千米以上高峰之一。景区2013年正式对外开放，景区生态优良、溪水充沛、红叶优美、交通便利，是红叶观光、避暑度假、休闲养生的绝佳之选。

枫林谷是远离都市的“世外净土”。景区地处偏远山区，长期保持原生态系统，森林覆盖率高达98.75%。鹤大高速的开通才得以将这片自然生态瑰宝展现在世人的眼前。景区生态环境优良，国家一级保护野生植物桓仁山参、红豆杉在景区分布，刺龙芽、大叶芹、刺五加等山野菜遍布林下，珍稀植物野生猕猴桃、天女木兰分布较广。

枫林谷是休闲养生的“天然氧吧”。景区气候凉爽宜人，每逢盛夏，大多地区酷暑难耐，但景区平均气温20℃左右，湿度65%左右。景区溪水充沛清澈，浓绿的树荫下，小溪曲折蜿蜒，潺潺而流，时而形成飞瀑，时而形成潭池，水质清澈优良，手掬可饮。景区空气纯净，负氧离子每立方厘米3万个，以及花草、树木散发的植物精气充盈。置身其中，令人头脑清新，呼吸舒畅，心情愉悦，被誉为“最适合呼吸的地方”。

14. 黄椅山火山森林公园

黄椅山火山森林公园位于宽甸满族自治县城西郊2公里处，景区总面积40平方公里，国家AAA级旅游景区。由火山锥、梨花村、玄武湖、城门洞四大景区及火山口、小峡谷、清泉寺、济源宝塔、度假村等四十余处景点组成，集“雄、秀、奇、美、幽”于一身，是一座天然的火山博物馆。

黄椅山以火山闻名遐迩，第四纪火山喷发的杰作使这里成为辽宁省分布面积最广、规模最大的火山遗迹群。黄椅山地质地貌景观集中，火山口、火山壁至今保存完整，是东北地区极具代表性的火山景观，是天然的火山地质博物馆，火山喷发岩浆形成的石林、石柱、石窟，规模宏大，奇丽多姿的玄武岩柱林依水而立，犹如刀劈斧削，凌空陡立。

黄椅山是岩浆喷发堆积成“山”，是滚滚熔岩冲刷成“椅”，是蓬勃草木美化成“青”，山为体，椅为形，青为色，金秋时节漫山金黄，由此得名“黄椅山”。地质专家考证，距今800万年至30万年之间的漫长岁月里，为宽甸火山群活动期，共形成89座火山，现保存较好的有19座。黄椅山的火山锥、火山口是宽甸火山群中最完美、最雄伟的，主峰海拔504米，火山锥顶高于平地204米，锥顶宽650米，锥底宽1.8公里，火山口深117米。岩浆喷发时南坡决口，岩浆自决口向南滚滚流淌，使火山口成为半圆形，火山锥体成为北陡南缓的态势，远远望去，就像一把庞大的太师椅，它是东北亚地区极具代表性的一座火山，地质地貌景观集中，世界少有，国内唯一。

玄武湖景区是黄椅山的核心景区，玄武湖山环水绕，美景天成。乘船游湖不仅可以欣赏到水的清澈碧绿，更能感悟到石的壮美神奇。玄武湖因岸边有800万年前火山喷发留下的玄武岩柱林而得名。玄武岩柱林为火山奇观，其高百米，其形笔直，均为六面体石柱，粗仅50公分左右，它们沿湖边整齐排列，似刀削斧劈一般，规模宏大，世界罕见。夜幕低垂，玄武湖畔的篝火广场，游人载歌载舞，欢笑声激荡着古老的玄武岩壁，置身其中，安享人与自然的和谐，自是妙不可言。

火山大峡谷漂流是黄椅山的一大亮点，漂流全长4公里，河面宽阔处达百米。水质清澈，水流湍急，河两岸绿树掩映，火山岩隐于树荫，山水相映，景象万千。游人沿火山大峡谷顺流而下，清澈见底的蒲石河水托着橡皮筏，乘载着游客一路洒下欢声笑语。风平浪静处，三五知己拉开架势享受着水上酣战的乐趣；湍流时皮筏被浪花托起又放下，游人的心波涛起伏惊险刺激。一条蜿蜒流动的河，延伸在峡谷坚硬的腹地。乘着橡皮艇顺流而下，天高水长，阳光普照，四面青山环绕，漂流其间，迎面而来的是一种期待——期待刺激！

小峡谷景区是宽甸黄椅山火山森林公园的重要组成部分。火山是人类探索地球内部的窗口，在小峡谷景区火山遗迹分布多样，保存完整。玄武岩柱林排列整齐，火山弹随处可见，火山浮石在水面上漂浮，这对于科学家们了解地球演化、进行考察研究具有非常重要的意义。小峡谷不仅是进行科普教育的绝佳之地，同时也是天然氧吧和避暑胜地。由于景区内植被茂盛，水量充足，负离子含量丰富，因而空气清新，让人心旷神怡。盛夏时节，烈日炎炎，酷暑难耐，小峡谷里凉气袭人，泉瀑流淌，雾霓升腾，水生烟，烟含山，如梦似幻，犹如人间仙境，让游人叹为观止。

15. 鸡冠山风景名胜区

鸡冠山风景名胜区位于凤城市西北部，距凤城市区46公里，距丹东市96公里，总面积90平方公里，属千山山系，长白山余脉，是典型的山岳型风景名胜区。景区内以海拔1143.15米的帽盔山峰为中心，有通天沟、大西沟、石湖大峡谷、飞堤瀑四大景区，分为山岳登高览胜区、野溪秋韵观赏区、层林叠碧观光区和飞瀑清潭休憩区。景区奇峰异石、森林古木、洞峡瀑布、溪水清潭各具特色，神韵天成，被誉为“中华奇境，北方桂林”，2002年11月19日被批准为丹东市级风景名胜区。

鸡冠山景区气候宜人，四季分明，森林覆盖率90%以上，1000余种植物与奇峰、秀水构成了绚丽的山水画卷；160余种野生动物与山水共处，为景区注入了无限的活力与灵性。景区有海拔1000米以上的山峰13座，峭拔险峻，构成了登高俯览胜境。牛心峰如方盾直插云霄，壁立千仞；骆驼峰似跋涉的骆驼昂首独行；山字峰、屋脊峰、天马峰、佛首峰令人望之心驰神往，临峰倏然心惊；天下奇景石猿峰犹如一巨大石猿，依附于牛心峰，构成了石猿哺乳的旷世奇观，谓“山之子”。

层林叠碧的石湖大峡谷，有辽东最大的瀑布群，有瀑布20余处，其中孔雀瀑落差30余米，如银色孔雀踞于涧中石上，栩栩如生；通天沟、大西沟谷幽水奇，树高林密，涧泉清流叠瀑成潭，姿态万千，平添了无限清丽与雅致；水帘洞洞中有水，水中有洞，可谓人间仙境；飞堤瀑、净心湖清韵独特，山水相映，美不胜收。

16. 天桥沟国家级森林公园

天桥沟国家级森林公园是国家AAAA级风景旅游区、“全国休闲农业与乡村旅游五星示范区”、“全国十佳游客满意度风景名胜区”，系辽宁省“十佳森林公园”和“国防教育基地”。位于辽宁省宽甸满族自治县境内，属长白山脉老岭支脉，距宽甸县城59公里，西与本溪县毗邻，北与桓仁县接壤，素有“一山望三县”之美誉。占地面积4000多公顷，森林覆盖率96%。公园以林海、奇峰和怪石景观为主，以丰富的生态资源和独特的自然景观为依托，以厚重的人文景观和神秘的抗联遗址为点缀，是著名的风景旅游胜地和红色旅游胜地。

【补充阅读7】天桥沟抗联遗址

天桥沟抗联遗址位于宽甸满族自治县西北山区，是著名抗日英雄杨靖宇将军战斗过的地方。抗日联军曾以这里茂密的山林为掩护，坚持抗日斗争达四年之久，并建立了东北第一个红色革命政权——四平乡人民政府。遗址现有抗联血战崔家大院烈士纪念碑和抗联一军一师野战医院等多处抗联旧址。

17. 天罡山景区

天罡山景区位于辽宁省东部山区宽甸满族自治县大川头镇，辽宁白石砬子国家级自然保护区境内，距宽甸县城30公里。

白石砬子自然保护区的森林覆盖率为99.8%，天然林面积70800亩，森林总蓄积量120万立方米，区内尚保存有34096.5亩原生型红松阔叶混交林等森林植被，占全区面积的48%以上，是东北亚甚至全球十分罕有的珍贵自然遗产。

天罡山景区平均海拔400米，海拔800米以上的山峰18座，海拔1000米以上的山峰8座，主峰四方顶海拔1270.5米。在白石砬子山脉的群峰中，有三座山峰形似倒扣着的大缸，名曰大古缸、二古缸、三古缸，又因山内有多处道家庙宇，道家崇尚北斗，北斗之柄名为天罡，而高山之巅又有七座形如北斗的山峰，白石砬子由此而得名天罡山。

天罡山景区是重要的水源涵养区，孕育发源的辽宁蒲石河、牛毛生河、南股河、北股河4大河，流入中朝界河鸭绿江，是我国和东北亚生态保护的关键地区。景区又处在内陆与海洋气候的交汇带上，使这里成为辽宁省降水最多的地方，年平均降水量达1349.5毫米，是辽宁省东北部的生态屏障。

天罡山景区是2008年8月经国家林业局批建的一处国家级生态旅游区，是依托辽宁省白石砬子国家级自然保护区建立起来的，境内自建保护区封闭了50年之久，原始生态保持完整，是全球罕见的独特完整植被地带，是东北亚温带璀璨的绿色明珠。天罡山的植物种类具有古老性、珍贵性、复杂性和多样性等特点，“绿色宝库”中的249科、1900余种低、高等植物遍布林中，第四纪冰川的“活化石”——孑遗物种紫杉、天女木兰，珍稀濒危；10种国家重点保护野生植物、31种辽宁省重点保护野生植物点缀其间；热带种属舌叶藓、树平藓，令人称奇；是辽宁东部神秘奇特的动物王国；是长白山系科普旅游佳地。天罡山景区以原始生态为依托，以奇峰怪石为骨架，以泉溪湖瀑为脉络，人文史迹点缀其间，集雄、险、旷、奇、幽为一体。春花、夏荫、秋红、冬雪四季可游，四时有别。

天罡山景区拥有优越的地理环境、优良的气候特区、丰富的森林资源、丰厚的人文史迹和合理的规划建设，现已开发了九水弯、天门峡、天罡峰、观星台、七星谷五大景区，98个景点。天罡山以“高峰”“云海”“青松”“森林”天成四绝，以及苍古幽峡、原始森林、古庙遗址、抗联遗址四个特色著称于世，素有“云海大观”“红叶奇观”“天然氧吧”“山水观园”之赞。

18. 核伙沟自然风景区

核伙沟自然风景区位于辽阳县寒岭镇境内，与本溪毗邻，距辽阳市区54公里。风景区总面积7.97平方公里，有火龙沟、西大沟、花溪沟三个景区，区内山势险峻，峰陡坡急，最高海拔806.8米，区内有丰富的动植物资源且无丝毫人为雕琢的痕迹。每年吸引了许多画家和美术爱好者在这里写生作画，有着“十里画廊”的美誉。

19. 石洞沟森林公园

石洞沟森林公园位于辽阳市东南9公里，太子河区曙光前进村境内，距沈阳约60公里，占地3万亩，整个区域由大泊山、金座山、双堆山和石洞沟、狼洞沟、石柱沟自然构成。已列入全省18个森林公园行列。这里群山起伏，森林茂密，四季景色各异，有大小山峰近百座，最高峰西大崴子海拔303.4米，山巅怪石峥嵘。南部的金座顶景色秀丽，并建有森林标本园、森林长廊、森林浴场、森林木屋、森林餐厅、舞厅、桑拿浴等配套工程，可接纳80至100人住宿。

20. 龙顶山风景区

龙顶山风景区位于辽阳市城区南侧，东起云台，西至辽化医院后山，总占地面积3682亩。龙顶山风景区于1992年开始建设，现建有一条长15华里的环山路，还有小型会议厅、娱乐厅，院内建有一小型游泳池，栽植了花卉、草坪，门外建有大花圃、“钟古楼”，楼内悬挂一口古钟，登楼可俯看辽化全貌。在公园制高点处建一八角重檐亭，拾级而上，可眺辽阳市区，名为“西峰秀色”。在左烽火台的遗址处修建了260米长的古长城及烽火台。在低洼处筑坝截水，形成人工湖，名为“东山湖”，湖水最深处7米以上，可放养鱼苗供游人垂钓。

21. 三块石国家森林公园

三块石国家森林公园坐落于长白山脉老龙岗余脉南部，位于抚顺东南52公里处的抚顺县后安镇境内。因在高山之巅有三块巨石相依相拥、昂然剑立、直入云端而得名（又名烟囱山），是国家级森林公园、国家AAA级旅游景区。

景区占地面积100平方公里，有山峰112座，其中以石棚峰、三块石峰、四花顶峰为群山之首，石棚峰海拔高度为1131米，三块石峰海拔高度为1082米，四花顶峰海拔高度为1077米，构成了三峰鼎立之奇观、百态千姿。景区集雄、险、奇、峻、雅、幽、清于一体，动植物资源十分丰富，有野生动物22目176种，木本植物32科153种，草本植物68科242种，中草药587种，森林覆盖率高达92%，素有“天然物种基因库”“北方温带雨林”“乾坤青气得来难”之美誉。

在抗日战争和解放战争时期，这里是抚顺地区著名的革命根据地，今天，三块石已成为辽宁省著名的红色旅游区，包括石棚洞、房框子、石碾子、暗堡和地窨等遗址，是三块石地区作为抚顺游击革命根据地最好的历史见证。

22. 岗山国家森林公园

位于抚顺的岗山国家森林公园是国家级森林公园。景区中有龙岗雄姿、脚印峰、大小白石峰、石海、回转谷、东西虎路、原始森林区等景观40余处，并有古沸流国时期的王城转水湖山城与其拱卫城黑沟山城环列其旁。景区内现今遗留着东北抗日联军杨靖宇将军所建的抗联司令部、野战医院、被服厂等遗址，从而成为爱国主义教育的重要场所。

23. 大孤山风景名胜区

大孤山风景名胜区位于辽宁省丹东市西南部孤山镇境内，地处大连、丹东两市的交界地带，东临大洋河入海口，南濒黄海，与朝鲜民主主义共和国一衣带水，是鸭绿江口国家级湿地自然保护区和大孤山省级风景名胜区的组成部分。大孤山风景名胜区景区总面积50平方公里，由“大孤山国家级森林公园”“省级文物保护单位——大孤山古建筑群”“孤山古镇”“芦苇湿地”四大游览区组成。大孤山主峰海拔337.3米，为辽东名山之一。因其山峰突兀，怪石嶙峋，孤峙海滨，巍然独立而得名。山上巨柞银杏，夹道成荫，野卉散花，缀山如锦。云雾争秀，海景相衬，景色奇绝。登山眺海，岛屿各异，相映成趣。大孤山景区内共有自然和人文景观60余处。1979年，大孤山古建筑群被辽宁省政府确定为辽宁省首批重点文物保护单位；1995年，大孤山风景名胜区被省政府列为省级风景名胜区；2001年，大孤山风景区被丹东市评为“丹东十佳风景名胜区”；2003年，被辽宁省评为“辽宁省十佳森林公园”。

大孤山景区内山高林密，有利于野生动物生长繁衍。其中国家级森林公园中野生动物有狐狸、野兔、松鼠、刺猬和多种鸟类。步入林中，观野兔蹦跳，松鼠爬树，山耗穿林，野雉突飞，真有一种误入桃源仙境之感。

大孤山西侧的“石林佳境”令人浮想联翩。在峭壁之上，山崖经风吹雨剥，似二鸡伫立于悬崖之上，清诗人许文运的“双鸡斗坡边”即是指此。还有一峰耸立如人状，背依山崖，面朝大海，阅尽人间春色，这就是集诸多传说于一身的“峭壁石人”，此山也以“石人”名之。这里还有似熊猫观斗、似天狗吠日、似玉兔卧石、似群羊觅草、似牛耕耘、似马奔驰、似龙起舞等天然“十二生肖”石，还有喜鹊迎客、九尾狐仙洞等景观。位于孤山中段的朝阳寺沟，则是另一个石林胜境。这里有莲花峰、避风岩、八步紧、百丈崖、飞龙瀑布、莲花落照等景观几十处。

孤山古镇因山得名，早在唐代就与青泥洼（今大连市）、九连城（今丹东市）同为辽东半岛的门户，居于辽东各通商口岸重要地位。当地民谣云：先有孤山，后有奉天（奉天，辽宁省省会沈阳的旧称）。早在唐玄宗时，大孤山即建有“望海寺”。史载：唐代凡重要交通港口，均建有望海寺。以此说来，早在唐代，孤山镇便为辽东重要港口，百姓聚港而居，捕鱼商贸，繁华昌盛。古镇历经数代，沉淀千年的灿烂文明，源远流长，至今不衰。其中民间的董宝君剪纸、风筝制作、泥人曹泥塑、农民版画、文学创作等文化创作，腌蟹、对虾、虾爬子，煮海钱儿、肥蟹、海蛎子汤、“米叉子”等民间饮食文化，沿海地区赶海、祭海等民风民俗等，都具有极高的历史文化价值。

二、辽东地域的名洞

辽东地域的名洞以本溪水洞最为著名。

1. 本溪水洞

本溪水洞风景名胜区位于辽宁省本溪市东郊，距市中心26公里，是目前发现的世界第一长的地下充水溶洞。本溪水洞于1983年对外开放；1994年被中华人民共和国国务院批准为国家重点风景名胜区；1997年被国际旅游洞穴协会接纳为亚洲首批会员；2002年3月，被国家旅游局评为AAAA级名胜风景区。现已接待了来自120个国家和地区的中外游客1000余万人次，其中包括40个国家的元首和政府首脑，被誉为“北国一宝”“天下奇观”“亚洲一流”“世界罕见”。

本溪水洞属典型的高纬度喀斯特地貌，是四五十万年前形成的大型石灰岩充水溶洞。洞内分水、旱两洞，全长5800米，现已开发2800米，是迄今世界上已发现的能乘船游览的最长的地下暗河。洞内四季恒温12℃，冬无严寒，夏无酷暑，水流终年不竭，河水清澈见底，泛舟其间，轻风拂面，如临仙境。洞体高低错落，洞中有洞，洞洞相通，面积3.6万平方米，空间40余万立方米。银河两岸石笋林立、钟乳高悬，千姿百态，各具特色，沿河景点一百余处，“玉象戏水”“福寿双星”“宝鼎双钟”“玉皇仙姿”等景观形象逼真，呼之欲动，近一个小时的游程令人流连忘返，正是“钟乳奇峰景万千，轻舟碧水诗画间，钟秀只应仙界有，人间独此一洞天”。

2005年9月，本溪市被批准为我国唯一的以行政区划命名的国家地质公园。作为主园区的水洞景区，建设了本溪地质博物馆和“硅化木王国”主题公园。

本溪地质博物馆是集地球科学、国土资源、地质景观、地矿标本、古生物化石标本为一体的专业博物馆，馆内藏有国家级珍贵标本30余件，珍稀标本3300余件，是目前我国地质藏品规模最大、精品数量最多、科学内涵最丰富的地质博物馆之一。

“硅化木王国”主题公园是本溪地质博物馆的外延部分，占地面积11.6公顷，投资1.3亿元，以不可再生的珍贵硅化木石及史前生态环境为主要观赏内容，融景观旅游、娱乐参与和自然历史科普教育为一体，共展出500余棵硅化木展品，是世界上迄今收藏最多、体积最大、年代最久、具有极高的科普价值和观赏价值的地质主题公园。

【补充阅读8】本溪水洞风景名胜区

本溪水洞风景名胜区是以水洞为中心，包括温泉、庙后山、关门山、汤沟和铁刹山在内的国家重点风景名胜区，集山、水、洞、泉、湖、林等自然景观和寺庙、古人类遗址等人文景观于一体，同大连海滨、千山风光、长白山景一起，共同构成东北亚风景旅游胜地之一。

【补充阅读9】本溪水洞周边的考古发现

很早以前，古人类就已发现水洞，并在周边栖息。新中国成立以来，政府多次组织发掘。迄今为止，考古工作者已在洞口发现了距今约1万年前的新石器时代的文物，如磨制的石器、动物的骨骼等；4000年前的青铜时代的陶器，以及公元前200年至公元后400年的绳形陶、五铢钱等。

2. 桓仁望天洞

望天洞位于本溪市桓仁县雅河乡弯弯川村东70余米高的山顶上。该洞发育于20万年前，总长7000余米，洞内最大的厅6000余平方米，可容纳万人。望天洞景观迷人，奇、特、险俱全，有石林、城墙、雪莲、冰川、喷泉、瀑布、暗河等。全洞共4大景区100余景点。洞内的迷宫更为奇特，被称为“北国第一洞，迷宫世无双”。此洞两个洞口并列，中间一道两抱多粗的石梁，右侧洞口有50平方米，洞口石壁上一只展翅昂首的大鸟，面向东方，形象逼真，名曰“鲲鹏朝阳”；左侧洞口有35平方米。两个洞口酷似一副巨大的眼镜放在山巅。沿左侧洞口石壁扶铁栏杆踏石阶经“通天桥”，下行30余米，便是该洞的第一大厅——“聚仙厅”，这里宽阔高大，可容纳千人。回首仰望，两道光柱直射厅中，使人有怀抱红日、目接青天之感。若在春冬季节或雨雪之后进入，厅内云雾缭绕，从洞口向上升腾，云雾与洞口绿树交相辉映，更是妙不可言。

从洞口到洞底，如同竖井，有15米深。踏着宽阔的铁梯扶护栏而下，便至洞内第二大厅——“青龙厅”。由此厅向东北行800余米，尽头有一个40多平方米的水潭，池水湛蓝，清晰见底，周围全是细砂，沿岸四周皆印有水獭足迹，可见此洞与洞外雅河相通，否则不会有活水獭进入。该洞是洞中有洞洞连洞，内里有宽窄不同、高低长短不一的支洞50多个。洞中的“迷宫”分上、中、下三层，总长度1100多米，为世间所罕见。迷宫中，洞中有洞洞连洞，洞洞相通；门中有门门接门，门门可行。入其内，行来走去，难分难辨，妙趣横生，迷途难返。

望天洞冬暖夏凉，通道曲折平坦，通风良好，空气新鲜。春冬进入，湿度较小，温暖宜人；夏秋进入，湿润凉爽，使人产生无限情趣。

3. 天龙洞风景区

天龙洞风景区位于本溪满族自治县小市镇香磨村境内，是国家AA级旅游区。整个风景区由四部分组成：满族民俗风情游、龙洞惊奇探险游、龙山攀崖拾趣游、河湾戏水碧州游。经国家地质专家考证，天龙洞是本溪水洞的源头，一条长六千米的地下暗河把天龙洞和本溪水洞首尾相连，形成独特的地质、地貌和自然奇观。天龙洞和本溪水洞相隔仅8公里，遥相呼应，堪称“北国兄弟洞”。天龙洞所在的天龙山，已发现八个洞口，是罕见的古溶洞群，目前已开发了天龙洞和冰洞。天龙洞有一千多延长米，三层洞上下相接，洞内曲径通幽，扑朔迷离，有“地下迷宫”之美称。历经百万年而形成的喀斯特地貌，造化了千姿百态的钟乳石笋、石蓬、石花、石崎等。洞中的“世界第一大夹扁石”“龙凤呈祥”“蝙蝠粪山”“钟乳石年轮”“龙衣”等自然景观尤为令人称奇。更叫人拍案叫绝的，则是堪称“天下第一”的钟乳石龙。天造地设、活灵活现的钟乳石龙，全长6.6米，石龙宽达0.38米。龙角、龙眼、龙身、龙尾，栩栩如生，好似一条呼之欲出的飞龙。每隔九秒钟，龙吐天浆，被当地百姓奉为“神水”。据专家介绍，钟乳石龙的形成是非常罕见的地质现象，石崎几百年才能长一厘米，这条石龙，至少在此修行了几万年。

天龙洞是本溪市民委命名的第一家满族民俗文化村，同时也是本溪市团委和青教办确定的青少年校外教育活动基地。它充满浓郁的满族风情，在农家小院里既可领略到“东北三怪”——“窗户纸糊在外，养孩子吊起来，大姑娘叼烟袋”——的满族风情，又能观赏到东北“三宝”——人参、貂皮、乌拉草。与此同时，还可品尝到风味独特的满族农家饭菜。天龙洞外新建了“空中飞渡”“龙山滑草”“月亮河鱼烧烤”等游乐项目，有惊无险，富有乐趣。

天龙洞地处辽东旅游胜地，西有本溪水洞，南有关门山、汤沟，东有铁刹山，交通发达，真可谓“福地洞天”。景区开放以来，已接待了来自德国、日本、韩国以及国内各地游客十万余人次，正逐渐成为本溪黄金旅游热线上的一颗闪亮的明珠。

本溪天龙洞风景区地处辽东山区，山清水秀，洞奇泉特，森林茂密，特产丰富。凭借独特的自然优势，天龙洞风景区在发展特色旅游的同时，启用能工巧匠，利用核木，精心设计制作出独特的五大系列四十多个品种的核木工艺品。

4. 怪石洞

怪石洞位于本溪市溪湖区北山半山腰处，因其洞内钟乳石的光怪陆离而得名。怪石洞内有近六百多米长，面积为8.3公顷，有大小景点50个。纵观全洞，洞中有洞，高低错落，曲折迂回，遍布多种石笋、石乳，千姿百态，惟妙惟肖。穿行溶洞内，时而扑朔迷离，时而柳暗花明，真是奇妙无穷。

怪石洞的第一层是主洞，洞内分水帘、罗汉、天地、石林4个厅。水帘厅高13米，宽15米。厅内钟乳石构成一幅奇景，若飞瀑垂帘，高山流水，云雾缭绕，伴随着千百年形成的如树、如花、如幔、如川的石钟乳，给人一种如临仙境之感。罗汉厅内石钟乳神奇瑰丽，状物似人，神态惟妙惟肖。十八罗汉或坐禅守心，或翘首望天，或手捻佛珠，或合掌颂经，神韵非凡，井然有序。

天地厅内有擎天石柱、飞鹏展翅、仙人床等壮丽景观。擎天石柱高达10米，乃是万年滴水造就而成。仙人床位于洞壁凹陷处，平坦宽敞，可坐可卧。石林厅又称宝林厅，这里的石乳、石笋、石柱、石芽、石花、石崖、石幔构成一个大千世界，景物奇幻，千姿百态，如人、如禽、如兽，如宝塔山川、如林海雪松，琳琅满目，错落有致，气势磅礴，给人一种似宇宙之宏大、奥妙之感。

怪石洞的第二层是长蛇洞，全长208米，现在仅对外开放100

米，洞壁光洁如洗，漫游其中，仿佛置身蛇腹，曲折回荡，给人一种神秘之感。洞内有寿星老、太上老君炼丹等钟乳奇景。

怪石洞的第三层是天井穴。走出怪石洞主洞，越过观音堂和愁云涧，沿着石梯向洞穴斜下方深处走去，即来到天井穴。每当正午时分，一束阳光从上面直射其中，奇怪的是，有人曾几次到山顶寻觅可进阳光的缝隙，却始终没有找到。阳光到底是怎样射进此洞的，至今还是个谜。

5. 滴水洞

滴水洞位于本溪市区南7.5公里处老母岭西侧的深谷之中。

滴水洞四周青山环抱，一条山中清流，穿过坚石峭壁，从三十米余高的悬崖上飞流直下，形成瀑布。雨季，水量充沛，落瀑咆哮，声震翠谷。雨少时，溪水潺潺，玉珠点点，形成水帘。冬季，银装素裹，滴水成冰，从崖口到谷底，恰似一条倒悬玉龙，分外妖娆。谷底峭壁上有大小不等的五处石洞，还有一条一米宽的天然栈道从瀑底而过，颇有水帘洞洞天之神韵。身处谷底仰首上望，悬崖，峭壁，飞瀑，彩虹，蓝天，白云，堪称绚丽多姿，惊险俊美，令人叹为观止；俯视谷底，巨石横生，错落杂陈，更是别有风韵。

第二节　辽东地域的水体旅游资源

辽东地域的水体旅游资源丰富。

一、辽东地域的主要河流与漂流

1. 鸭绿江（鸭绿江风景名胜区）

鸭绿江古称坝水，汉代称为訾水，唐朝始称鸭绿江，因其水色青绿，恰似鸭头而得名。

鸭绿江发源于吉林省长白山南麓，流经长白、集安、宽甸、丹东等地，沿中朝边界向西南流，汇集浑江、虚川江、秃鲁江等支流，在辽宁丹东的东港市附近向南注入黄海。全长795公里，流域面积6.4万多平方公里。上游流经峡谷，我国临江以下中游河床较宽，水流渐缓。集安以下沿岸平原较开阔。流量大，水力资源十分丰富，建有水丰、云峰等电站。冰期长约4个月。十三道沟以下可通航，并用以流送木材。沿岸有丹东、新义州等工业城市。

鸭绿江风景名胜区位于鸭绿江中下游丹东市境内，东起浑江口，西至大东港，与朝鲜的碧潼、清水、义州、新义州隔江相望。全长210公里，总面积824.2平方公里（含朝鲜水面），保护区面积200平方公里。鸭绿江风景区由绿江景区、水丰景区、太平湾景区、虎山景区、大桥景区、江口景区六大景区100多个景点组成。其中有浩瀚秀美的水丰湖、雄峙江畔的虎山长城、弹痕累累的鸭绿江大桥、我国1.8万公里海岸线最北端的江海分界线和古人类洞穴遗址、原始村落遗址和现代园林建筑等，构成了丰富的自然景观和人文景观。鸭绿江风景名胜区因地理位置优越、气候冬暖夏凉、山清水秀、一览中朝两国风光而独具特色。两岸风光秀丽，在入海口一带，盛产大银鱼。

【补充阅读10】鸭绿江桥

鸭绿江造桥历史很早，可上溯到辽代，20世纪初，鸭绿江上始建铁桥，先后在我国丹东和朝鲜新义州之间建了两座。第一座建于1909年，是一座开闭式桥梁。1950年朝鲜战争中被美国飞机炸毁，桥墩至今犹存，现辟有端桥游览区。第二座桥建于1940年初，为铁路、公路两用桥，全长940米，属中朝两国共管。它是中朝两国的交通要道，也是游人观光览胜的景点。

【补充阅读11】鸭绿江全线游

鸭绿江起源于长白山脉，水清如碧，以遥看似鸭脖绿色而得名。岸山秀峰叠翠，江水蜿蜒舒缓，舟行明镜里，鸟飞画屏中，游一江可观赏中朝两国风光。鸭绿江风景名胜区是国务院于1988年批准的国家级重点风景名胜区，以自然风光旖旎、人文景观荟萃、地理位置独特、环境质量优越而驰名中外，是集览两国风光、凭吊历史遗迹，兼容度假休闲、科学考察和异国旅游于一体的河川型风景名胜区。

鸭绿江蕴藏着丰富的文化内涵，不但留下了许多动人的传说，更是与许多重大历史事件紧密相连。从1894年到1950年不过60年的时间里，在鸭绿江流域，曾发生了改变中国乃至世界政治格局的三次大的战争：中日甲午战争、日俄战争和抗美援朝战争。鸭绿江沿岸还蕴藏着独具特色的满族、朝鲜族历史和民俗文化。

丹东在资源开发上始终抓住一个中心，就是全力建设鸭绿江核心景区，不断开通鸭绿江景观全线游，全面展示鸭绿江自然风光、边境特色、人文古迹、民俗文化和异国风情。在打造鸭绿江核心景区的带动下，近两年来，丹东市以大项目为牵动，依托鸭绿江精品旅游带和“辽宁生态旅游实验区”建设，理顺管理体制，深度整合旅游资源，打造出了以鸭绿江为核心的江海旅游精品、以宽甸自然生态为核心的山水旅游精品、以体验半岛风情为核心的赴朝旅游精品、以温泉开发为核心的休闲旅游精品、以弘扬英雄精神为核心的红色旅游精品的五大精品旅游品牌，不断提升了丹东的旅游品质。

以鸭绿江精品旅游带为龙头，丹东旅游一直注重挖掘鸭绿江文化内涵，注入丹东人文历史元素，努力将鸭绿江全线打造成为集边境旅游、红色旅游、历史文化、民俗风情与自然风光于一体的复合型精品旅游带，开通了鸭绿江全线游。丹东市在原有的观绿江油菜花、赏河口桃花、畅游水丰湖等近10条鸭绿江旅游线路的基础上，重点打造了两条红色旅游线。一条是抗馆、断桥、马市志愿军过江处、河口断桥抗美援朝红色旅游线，另一条是青山沟、天华山等地的东北抗联红色旅游线。同时，还推出了两条历史文化旅游线。一条是九连城甲午海战陆战场遗迹和万里长城最东端起点虎山长城历史文化旅游线，另一条是大鹿岛甲午海战场爱国主义教育旅游线。

围绕做强鸭绿江旅游品牌，丹东市进一步规划、设计和丰富四季旅游产品。围绕“春天观鸟、踏青、看花，夏天纳凉、漂流、赶海，秋天赏枫、摘果、登山，冬天捕鱼、滑雪、温泉，一年四季去朝韩”，培育四季旅游产品，形成全天候旅游产品体系，增大丹东旅游体量，延长游客来丹停留时间。

2. 大雅河、大雅河漂流

大雅河发源于桓仁、本溪县交界处的草帽顶子山东麓，西邻太子河（南支），北为大二河，南是小雅河。大雅河由西向东流经八里甸子、普乐堡和雅河3个乡（镇）至雅河乡雅河口村，从右岸汇入浑江。河长73公里，流域面积727平方公里。

大雅河景区的自然生态环境及地貌景观优美，大雅河沿岸山峰错落，依山傍水，山水相映，宛如一幅奇丽秀美的彩墨画。景区出露的是距今8~10亿年的青白口系钓鱼台组石英砂岩，地层产壮平缓，垂向节理发育，在流水的常年冲刷、侵蚀和风化作用下，形成陡壁、峰林和象形石，构成“类丹霞地貌”，具有较高的科研价值和观赏价值。

大雅河漂流位于老漫子风景区，距桓仁县城45公里，该景区总长4000余米，航域水深0.8米，河宽平均20米，走进景区，群峰竞秀，奇石峭壁。大雅河流经此处，落差大，水流湍急，碧波奔腾，可放排荡舟处长4000余米，是理想的天然漂流区。两岸美景如画，素有“塞北小桂林”之称。坐在橡胶船上，穿上橘黄色的救生衣，两人一组，顺流而下，尽享惊险刺激的漂流活动。

3. 太子河

太子河是辽宁省较大河流之一，流贯辽阳、本溪境内。太子河古称衍水，汉称大梁河，辽称东梁河，金时称无鲁呼必喇沙，满语意为芦苇河。明称太子河，清称太资河，即今之太子河。

本溪地处太子河上游河段，自古以来就享受着太子河赐予本溪人民的丰腴与恩泽。1978年省、市、县考古队在距太子河1里左右的本溪县山城子乡太子河支流汤河右岸的庙后山南坡，发现了我国旧石器文化遗址中最东北的一处——庙后山遗址。经考古证明，庙后山人起源于40万年前，是东北地区现已发现的最早人类。

【补充阅读12】太子河沿岸的旅游资源

太子河风景区：太子河风景区位于辽阳城东太子河畔，北起北哨闸桥，南至漫水管桥，全长3260米。西与市区相连，东与河东村相望，东西平均宽750米。总面积240公顷。

太子河风景区于1991年动工兴建，1992年向游人开放。在保存原有植被的基础上又栽植了33个品种4542株树木、14个品种7412株花卉、3公顷草坪。修建350平方米广场，3400米园路。内设有天然浴场4万平方米、花架60米、围栏530米，铺设方砖甬路1855平方米，建有造型各异的圆组亭、分单亭、组合亭、四角亭、六角亭、八角亭及小品建筑、雕塑等，还有衍水卧虹、龙王夜渡遗址和水上游艇等13个景点，是人们观光、休息、游泳、纳凉的好去处。

石洞沟森林公园：石洞沟森林公园风景区位于辽阳市东南9公里，太子河区曙光前进村境内，距沈阳约60公里，占地3万亩，整个区域由大泊山、金座山、双堆山和石洞沟、狼洞沟、石柱沟自然构成。已列入全省18个森林公园行列。

这里群山起伏，森林茂密，四季景色各异，有大小山峰近百座，最高峰西大崴子海拔303.4米，山巅怪石峥嵘。南部的金座顶景色秀丽，并建有森林标本园、森林长廊、森林浴场、森林木屋、森林餐厅、舞厅、桑拿浴等配套工程，可接纳80至100人住宿。

4. 汤河风景区

汤河风景区位于辽阳东南35公里的安平乡境内，距汤河河口15公里，建在白石山与墩台山脚下，总面积60.5平方公里。1983年被辽宁省列为省级风景名胜区，2002年7月被省旅游局命名为国家AA级旅游风景区。拥有独特的山姿、水色、岩洞、珍禽、奇松及水库大坝、发电站等十个景点，白石山的老虎峰插入库中，峰峦峭壁，映水倒悬，一派恬静的自然山林景观。

5. 红河峡谷漂流景区

红河峡谷漂流景区位于辽宁省抚顺市清原满族自治县红河谷国家森林公园内，全长12.8公里，享有“中国北方第一漂”的美誉。红河峡谷系长白山余脉岗山支脉经多年切割而形成的“U”形峡谷，素有“东北小三峡”之称。谷内河水丰盈清澈，急缓交错；两岸山川锦绣，怪石林立，300多种动植物竞相繁衍，和谐共存，呈现出生机盎然、风情万种的原始生态。漂流时间3小时左右，漂流区河宽20~50米不等，平均水深1米左右，落差适中，有缓段和急流段各20个。缓段悠闲自在，急流段有惊无险，河水清澈，顺山势而下，千回百转，曲径通幽，风景极其独特，是我国北方罕见的天然漂流场所。红河峡谷漂流是按国家AAAA级景区建设的，服务功能完善。

6. 关门山漂流

关门山漂流位于关门山水库风景区，全程3.5公里，漂流区段沿途两岸风光秀美，孤峰林立，花木茂盛，水流清澈，河道迂回百转，美景变幻迭出。对于乐山登万仞、戏水泛千舟的游人来说，这是一个水上游览的胜地。关门山漂流区随着季节的变化而不断变幻新意。初春，杜鹃花如紫雾缭绕峰崖。盛夏，木兰花如繁星闪烁峡谷。晚秋，枫叶似火燃遍山峦，值得一提的是每年秋天，这里的枫霜将百里青山染得通红，气势壮阔，令人耳目一新。铺天盖地的次生林内的一切对于久居闹市的居民来说也会感到格外的新奇神秘，遮天蔽日、色彩斑斓的混交林、各种攀援植物缠绕着枫树、柞树，幽静山林里的好鸟相鸣，嘤嘤成韵，河水击石，叮咚作响，给关门山漂流增添了神奇的色彩与欢乐。

7. 龙韵湾漂流

龙韵湾漂流是辽宁丹东最新开发的可控式水域漂流区，距丹东市区25公里。它的起点坐落在蒲石河丰发电站大坝下，终点至蒲石河与鸭绿江交汇处，全长9.5公里。

龙韵湾漂流区景色绮丽，光彩照人。与虎山长城风景区、太平湾风景区、河口风景区同在一条沿江旅游线路上，它的开发为鸭绿江大旅游格局增添了一道极其亮丽的风景线。

远眺龙韵湾，犹如一条向东升腾的银龙，东西两侧被万亩桃园所拥抱，南北顺水漂下山重水复，千峰竞秀，自然景观和人文景观交相辉映，漂流渠道水面宽敞，激流之处惊而无险，平稳之处悠闲自在，犹如仙境搏舟，似在画中畅游，大有“轻舟已过万重山”的畅快与欢乐。

龙韵湾拥有一流的服务设施。漂流全部采用出口德国的1000多条皮筏，其中双人皮筏500多条，多人皮筏500多条，皮阀镶嵌拉丝地板，舒适尊贵，逍遥开怀。漂流区内全部采用豪华大巴车接送游客。漂流起点拥有1.5万平方米的服务区，服务区内设有安检大厅、餐饮区、购物区、休闲娱乐区、漂流码头、停车场等，各项服务功能一应俱全。

8. 太子河漂流

太子河漂流建在辽阳参窝水库坝下至省级文物保护单位燕州城下的一段水域内，此断水域全长10公里，水流急缓适宜，曲折回绕，极富刺激性，水流落差不大，水深在1~2米之间，非常适合漂流。沿途风光旖旎，游人在体验漂流乐趣的同时，还可以观赏翠峰石崖、九连洞和燕洲城遗址等景观，别有情致。目前项目已竣工，现成为“东北第一漂”的太子河漂流，每日可接待游客500人。

此外，在青山沟的雅河上还有青山沟漂流、黄椅山还有火山大峡谷漂流等。

9. 辽阳大汤河湿地公园

辽阳大汤河湿地公园位于辽阳市弓长岭区。规划范围北至汤河大桥，南至汤河水库大坝北侧0.8公里处，东西以河堤滨河路为界，项目区南北长9.89公里，东西宽4.18公里，内含大汤河12.5公里的河道，公园总面积282.1公顷。

大汤河湿地公园的湿地包括河流湿地和人工湿地两种类型，河流湿地又分为永久性河流湿地和洪泛平原湿地，湿地类型以永久性河流湿地为主。湿地总面积247.6公顷，占湿地公园总面积的87.7%。

大汤河湿地公园中的自然植被有挺水植物群落、浮叶植物群落、飘浮植物群落类型，优势水生植物有芦苇、香蒲、金鱼藻、眼子菜等。园区内鸟类资源丰富，以水禽占优，常见凤头䴙䴘、小䴙䴘、苍鹭、绿鹭、大白鹭、白骨顶、黑水鸡、绿头鸭、斑嘴鸭、普通秋沙鸭、赤麻鸭等水鸟在此栖息，迁徙季节可见大天鹅、鸳鸯等国家重点保护野生动物。

流经园区的大汤河是太子河的最大支流，大汤河湿地对涵养该区域的地下水源、保障辽阳市及下游城市生活饮用水源的安全具有重要意义。大汤河湿地公园建成后可有效保护当地的生态环境和生物多样性，充分发挥湿地生态系统的多种服务功能。总之，大汤河湿地公园水质良好、水源充沛，野生动植物资源丰富，生态环境良好，具备建立湿地公园的优越条件。

二、辽东地域的主要湖泊与水库

辽东地域湖泊众多，水库资源丰富。

1. 桓龙湖

桓龙湖位于本溪市桓仁镇北部，浑江中游，1968年竣工蓄水。桓龙湖处在世界文化遗产五女山后，从高处俯瞰仿佛是一条腾飞的巨龙，因而得名。它是国家级森林公园，省级风景名胜区，辽宁省最大的人工湖，总库容量34.6亿立方米，水域面积98平方公里，它也是辽宁省重要的水源基地，达到国家二类水质标准，犹如天然纯净水，可直接饮用。

水库全长81公里，最宽处为4公里，水深平均15米，最深处60余米，为辽宁省最大的淡水养殖区。库区国家森林公园与浑江水库山水相依，水随山转，山因水活，大自然的鬼斧神工缔造出这幅人间仙境。库区国家森林公园面积为4600公顷，被浩浩荡荡的万顷碧波划分成无数个形状奇异的山峰，搭舟漫游可观赏到小鳌山、三层砬子、望江楼、马面石、老虎洞等多处自然景观，以历史文化驰名于世的五女山也在其间。

2. 大石湖

大石湖位于本溪满族自治县兰河峪乡东南山麓的鹰嘴山下，距县城区约50公里处，它是太子河水系的发源地之一。

大石湖以其五个次第相连的湖潭而得名，湖潭依次承接，瀑布飞溅掩映，故又称之为“五湖四瀑”。一湖，命名为“天池湖”，湖水面积约180平方米，水势湍急，飞流直下，飞珠溅玉，形成一幅天然的大瀑布，瀑落之处，湖深水暗，因其居五湖之上，恰如“长白一天池”。二湖，湖水面积约65平方米，水面积虽居五湖之末，但其水流汹涌，湖水暗绿，旋涡翻滚急骤，水深莫测，景象大奇绝，神话、传说之多而居五湖之首位，故称之为“水晶宫”。三湖，流势渐缓，湖水面积约150平方米，湖水澄清，落叶入水不浮且清晰可见河底枫叶，素有“见叶潭”之称，据传说此湖是龙的理想栖息地，故称之为“龙潭”。四湖，湖面约160平方米，此湖相比之下有奇特独到之处，湖东崖壁上有一天然石洞，洞可容人。洞内冬暖夏凉，别有情趣，伫立崖边，俯瞰湖水咆哮，恰似巨龙奔腾，极目望崖洞，仿佛洞内有神佛静坐祈祷祝福。此湖称之为“龙神湖”。五湖，命名为“聚仙湖”，水域面积约165平方米，水从岩缝中依势随波逐流而下，水势渐弱浅平，缓缓流动，仔细观望，凝思遐想，正所谓“群仙聚会于此，共商良谋于今霄”。因此封之为“聚仙湖”恰到好处。此外，还有“仙人指路”“点将台”“翡翠石球”等众点景点，是观光、游览、避暑胜地。

【补充阅读13】大石湖（老边沟）风景区

大石湖风景名胜区位于本溪满族自治县“三角框架旅游版图”的东端，属东营坊乡新城子村、南营坊村及兰河国有林场的部分区域。根据风景区的区域结构及资源分布状况，风景区划分为两大景区，即大石湖景区、老边沟景区。

3. 本溪湖

本溪湖位于本溪市溪湖区卧云山西麓崖下。原名“杯犀湖”“碑西湖”“白溪湖”，清雍正十二年（1734年），因“杯犀湖”名称过雅，又难写难辨，故取其谐音改称为“本溪湖”（本溪湖药王庙碑文可为佐证）。同治八年（1869年），辽东处士高升尧书写“辽东本溪湖”五字凿于洞口上方，此后，本溪湖的名字便流传开来。本溪市由本溪湖而得名。本溪湖为一洞中湖，该湖形似犀角，外阔内窄。洞内水面二十余平方米，是世界最小的湖。湖水凉气袭人，每昼夜流量近两万吨。

洞外有一始建于明代的慈航寺，寺内有塑像和壁画。洞中清泉汩汩，不断注入解放后修建的人工湖。人工湖面积为两千余平方米。湖边垂柳婆娑，湖中建有拱桥、湖心亭，备有各式游船供游人泛舟湖上。波光、轻舟、倒影、古洞、绿柳使游人兴趣盎然，更是避暑的佳境。1984年，修筑了登山石阶、观景亭和文物陈列馆，更使本溪湖增添了迷人的风采。文物陈列馆常年展出本溪庙后山古人类遗址发掘出的文物。抬头而望，公园南千米处山腰间有一石灰岩溶洞，俗称“龙洞”“怪石洞”，长数百米，洞内钟乳石群千姿百态，不一而足，有的像如来讲经，有的如十八罗汉齐集一堂，故又称“罗汉洞”。洞中有一石榻，传说长眉李大仙曾长居于此，更为此洞平添了一些仙风道骨之气。洞口外有一“长蛇洞”，更是深不知底。二洞与本溪湖遥相呼应、相映生辉。

4. 参窝水库

参窝水库位于辽阳市弓长岭区安平乡街道南沙村，建成于1973年。地处辽阳县、灯塔县和弓长岭区交界处的太子河干流上，距辽阳市区40公里，是辽宁省大型水库之一。

参窝水库大坝宏伟壮观，水面浩渺无际，自然景观优美，四季景观各异。参窝水库风景区内设有山门区、服务区、登山区、望海泉寺、综合游乐区、太子河游览区、一担山景区等。

5. 大伙房水库

大伙房水库建在辽宁抚顺浑河中上游，控制流域面积5437平方公里，多年平均流量52.3立方米/秒，设计洪水流量15600立方米/秒，总库容21.81亿立方米，设计灌溉面积129万亩，装机容量3.2万千瓦，1958年竣工。大伙房水库主坝坝型为黏土心墙土坝，最大坝高48米，坝顶长度1366.7米，坝基岩石为花岗片麻岩，坝体工程量800万立方米，主要泄洪方式为岸边溢洪道。大伙房水库是沈抚两地的自然“大水缸”，是一座防洪、供水、灌溉、发电、养鱼等综合利用的大型水利工程。

大伙房是我国第一个五年计划中的第一个大型水库，是当时全国第二大水库，现已成为沈阳、抚顺两大城市居民饮用水的重要水源地。大伙房水库历史悠久，早在春秋战国时期就有人在这里生息，至今仍留有大量历史遗迹。

根据2002年6月和9月的调查，大伙房水库浮游动物共35属61种，其中原生动物10属18种、轮虫9科13属24种、枝角类5科8属13种、桡足类2科5属6种，年平均数量和生物量为17677个/L和2.0647mg/L，数量以急游虫、侠盗虫、长肢多肢轮虫、螺形龟甲轮虫、透明溞和近邻剑水蚤最多。浮游动物的数量和生物量时空分布较明显，时间上6月为数量高峰，而生物量9月为高峰；水平分布中游数量和生物量均最低，下游数量和生物量均最高。水库浮游动物每年可为浮游动物食性鱼类提供793吨鱼产力。

6. 关门山水库

关门山水库风景区是国家AAAA级景区，国家水利风景区，位于辽宁省本溪县境内，距本溪水洞25公里，是自然景观与现代建筑于一体的综合性风景区。景区内山峦俊秀、沟幽谷深、清流潺潺、花木葱茏，自古就有东北黄山、东北桂林之美誉。景区面积30多平方公里，包括三个游览区、一个商饮服务区、近百处景点，水面三千余亩，景区植被完好，水质清澈，风景秀丽，是一处集旅游、观光、避暑、度假休闲于一体的首选去处。

“竞秀峰”景区，会让人领略到风光各半、秋色平分之美。拥有毓秀峰、拂云台、邀月松、小天台、遇仙崖、天风口、醉仙顶、小天柱、览胜台等景点和卧犬石、听风石（试剑石）、恋榆石、回归石、天桥、石床等奇石妙物，让人尽享天公造物之美。“竞秀峰”景区花木丰茂、品类繁多，其中尤以杜鹃和枫树为之最，每逢春风轻拂的季节，绚丽缤纷的杜鹃花便像瑰丽的彩霞一样铺满了山谷崖边；时值天高云淡、月明风轻的秋天，万紫千红的枫叶又像殷红的火焰一样燃遍了座座山峦，故这里又称为“秋峰”。

关门山漂流全程3.5公里，漂流区段沿途两岸风光秀美，孤峰林立，花木茂盛，水流清澈，河道迂回百转，美景变幻迭出。

“红叶湖”景区，湖光山色，碧波轻舟，高峡平湖，湖中岛屿峻秀，苍松青翠，泛舟湖上，犹如仙境。走上全国首例混凝土面板大坝，站在骆驼峰身边，映月屏、钓鱼台、龙首山、小浪屿、天女岛以及南天一柱等景点尽收眼底。乘船东行千米，乃是一块仍未开发的神奇处女地，绵绵青山，清泉与奇峰怪石相互映衬，使游客既可饱览大自然的鬼斧神工，又能感觉绿水青山的惬意。这里是炎热季节里的清凉世界，又是游客野炊和纳凉休闲的宝地。可谓大自然中的世外桃源。

“碧泉谷”景区，由于这里地势奇特，当地人又称为“夹砬子沟”。拥有临仙瀑、靖宇营、风雨洞、龟寿峰、三生缘、通胜峡、龙脊峰等景点。沿水库大坝左侧拾级而上，小道曲折深长，情景变幻无穷，忽而“极狭通人”，忽而“仰天俯地”，忽而小鸟息栖，忽而松鼠跳跃。慢步回首，奇景迭出，险象横生，峰回路转，换步成景，异境天开。悉心观赏水库风光，使人奥妙无穷，心动神驰，乐而忘返。曲径起伏，节节攀高，到达顶峰，登崖远眺，山峦层层，莽莽苍苍，鸟瞰库区，美景尽收眼底。

三、辽东地域的主要瀑布

辽东地域拥有号称辽宁省第一大瀑布的“青山飞瀑”。“青山飞瀑”位于青山沟的飞瀑涧景区，瀑布从32米高的断层峭壁上飞流直下，状如玉带银河，气势磅礴，动人心魄。它是经过地壳运动使岩体发生移位变化，又经长期的河流冲刷而形成的。由于这里的侵蚀切割地形十分显著，因而深沟峡谷、悬崖峭壁较多，其岩体为黑云母混合片麻岩。河水从断层峭壁上直下而落，转眼间则可见“风挟飞流腾细雨，浪冲乱石辟深渊”的神奇景观。远远望去，黑色的巨崖如披白纱，缠绵缥缈，变化无穷。跌落的飞流激起雷鸣般的轰响，如雷贯耳，动人心魄，好似大自然撰写的一部壮丽的史诗，记录着地壳的沧桑变迁和生命的进化历程。

此外，在鸡冠山风景名胜区里层林叠碧的石湖大峡谷，有辽东最大的瀑布群，共有瀑布20余处，其中孔雀瀑落差30余米，如银色孔雀踞于涧中石上，栩栩如生。

四、辽东地域的主要温泉

辽东地域的温泉资源丰富。

1. 本溪温泉寺

温泉寺位于本溪满族自治县境内的太子河畔，西距本溪市区40公里，距天下奇观本溪水洞只有7公里。温泉寺依山傍水，环境幽雅，前有太水，清波环绕；后有层峦，耸翠照临。左右诸岭，实为壮观，故东山之第一盛境也。温泉寺自明末以来，就是辽东著名的旅游、避暑和疗养胜地，也是本溪历史上最大的佛教文化活动中心。

温泉水中含有多种矿物质，对治疗关节炎、风湿症、四肢麻木、神经炎、外伤后遗症、皮肤病等，疗效尤佳。温泉开发利用已有近400年历史。《奉天通志》载：“寺前有温泉，曰狗儿汤，有冷热之泉，同时涌出，混成温水，适于澡雪，泉周甃石为池，远近来浴者，接踵于途。”康熙三十七年（1698年）《重修温泉寺碑记》载，“浴之能祛病，故远近有病者就而浴之，果不药而瘳者亦甚伙”，“就此而求疾之瘳者，亦徜徉而汤愈”。乾隆二十二年《重修温泉寺碑记》载，重修后的温泉寺有“汤房三间”，即“有病者就而浴之”的洗浴间，这大概是温泉建有浴疗设施的最早记录了。

【背景知识】温泉

温泉（hot spring）是泉水的一种，是一种由地下自然涌出的、含有对人体健康有益的微量元素的泉水，其水温高于环境年平均温度5℃以上。形成温泉必须具备地底有热源存在、岩层中具有裂隙让温泉涌出、地层中有储存热水的空间三个条件。

【补充阅读14】本溪水洞温泉旅游度假区

本溪水洞温泉旅游度假区位于辽宁本溪市东部山区，由本溪水洞和温泉寺两个景区组成，规划总面积50平方公里，具有温泉、地质、生态、宗教、民俗五大优势。

本溪水洞温泉旅游度假区作为辽宁温泉产业集聚区的重点建设项目之一，招商和基础设施建设工作正在顺利推进。本溪水洞温泉旅游度假区，将建设山地休闲公园、山地高尔夫训练场、五星级酒店、温泉会馆、水上乐园等项目。目前，本溪水洞温泉旅游度假区7个功能区的招商工作已全部完成，协议投资总额200亿元，其中，发家峪、温泉寺、前河沿3个功能区的4个重点招商项目已经落地，总投资额80亿元。

2. 本溪汤沟温泉

汤沟位于本溪县草河掌乡胡家堡村，距本溪市78公里。汤沟温泉地热面积达20多亩，水温高达76℃。水中含碳酸锰、碳酸钠等多种矿物质和有益于人体健康的微量元素，被人们称为“宝泉”。汤沟温泉可医疗关节炎、皮肤病、消化不良、四肢麻痹等症。

汤沟温泉区地表温度高，冬季不结冰，在上面建塑料大棚，冬季种植蔬菜，效益很好。用温泉水建养鱼池，可饲养红鲤鱼等名贵鱼种。这里还有三峰并立的“笔架山”、抗日英雄杨靖宇将军休息过的“靖宇石”、和尚帽子大山的原始森林。这里生长有大量名贵芳香的天女木兰花，被称为“天女木兰之乡”。

【补充阅读15】汤沟风景名胜区

汤沟风景名胜区距本溪小市42公里，是辽宁省著名的旅游和疗养胜地。汤沟素有“地热村”之美誉，沟谷出露地热水面积达1.4万平方米，最高水温76℃，水中含有18种矿物质元素，对关节炎、皮肤病、风湿病、腰腿病等多种病症的疗效显著。汤沟四周群山环抱，自然条件优越，是旅游、休闲、度假、疗养的绝佳之地。

3. 五龙背温泉

五龙背因地处五龙山之背而得名。地势平坦，温泉四时喷涌。水无色透明，属碱性泉，主泉温度69℃，含碳酸盐、重碳酸盐及少量放射性元素等，水中硫磺气味较少。

【补充阅读16】丹东温泉资源的特点

一是温泉资源丰富。丹东是辽宁省温泉资源大市，占全省温泉总井数的1/3。主要集中分布在以下9处：市区3处，五龙背、汤池、炮守营；东港市2处，椅圈，北井子；凤城市4处，东汤、草河、宝山、刘家河。二是温泉水质好，温度适宜，水温在38~73℃之间。三是温泉资源种类齐全。主要类型包括单纯泉、碳酸氢盐泉、氯化物泉、二氧化碳泉、硫磺泉、含铁泉等，具有较高的医疗保健功效。四是温泉所处的地理位置优势明显。各温泉都布局在城区的周边和近郊，交通便利，开发潜力大。五是温泉产品的附加值大，对旅游、房地产、生态农业、医疗等相关产业的拉动作用明显。并且每处温泉周边都有丹东市的主要风景名胜区，容易将温泉资源与赴朝旅游、山水旅游、冰雪旅游、农家乐、特色餐饮、房地产旅游有机结合，形成温泉旅游黄金线路。

4. 汤泉谷温泉旅游度假区

汤泉谷温泉旅游度假区位于辽阳市弓长岭区汤河镇，交通便利，占地面积20平方公里，是集冰雪温泉、健康理疗、乡村旅游等功能于一体的省级温泉旅游度假区。汤泉谷矿泉资源丰富，冷、热两种矿泉并存，堪称奇观，其所在的弓长岭区被中国矿业联合会命名为“中国矿泉水之乡”，被国土资源部命名为“中国温泉城”。

弓长岭地热资源丰富，此地温泉为汤河之水，辽宁四大名泉之一。除了此处温泉之外，在弓长岭还有王宫温泉、汤河假日温泉，它们都属汤河之水。弓长岭温泉与滑雪巧妙地结合，独具特色。雪场内建有大型的室内温泉与日式室外露天温泉。而雪场外面很长的一条路上，有很多农家菜饭店，相对来说都很干净，有些还可以提供住宿。

地质勘测及水质部门检测鉴定，汤河谷温泉是全国唯一的含氡温泉，含氡量高达1820埃曼，水温72℃，长期使用可治疗关节炎、肌肉萎缩、外伤后遗症及疲劳症等三十多种疾病。特别适合专业运动员恢复性训练。

第三节　辽东地域的冰雪旅游资源

一、冰雪旅游概述

冰雪旅游属于生态旅游的范畴，是以冰雪气候旅游资源为主要的旅游吸引物，体验冰雪文化内涵的所有旅游活动形式的总称，是一项极具参与性、体验性和刺激性的旅游产品。

二、辽东地域的冰雪旅游资源

1. 东风湖滑雪场与本溪冰雪节

东风湖滑雪场，位于本溪市的东风湖旅游度假村。度假村距市内8公里，占地面积38万平方米，是本溪市一家拥有大型滑雪场和冰上娱乐区的综合度假村。2007年东风湖度假村投资近千万元，对滑雪场进行了全面装修与改造，建成了雪上娱乐区、冰上活动区、雪雕观赏区、民俗风情游四大娱乐活动项目区，将娱乐、住宿、餐饮、休闲融合到这个综合型的冰雪度假村中。

东风湖景区积极开展全民体育健身运动，实现了冰雪全天候消费模式。现已成功打造成为融“高山滑雪、冰上娱乐、夜间滑雪、满族风情、冰雪风景观赏”五大板块为一体的冰雪旅游景区。其中，第一板块高山滑雪区共有五条滑雪道，初级、中级、高级、单板和野雪滑雪道各一条；第二板块冰上娱乐活动区共11万平方米，是水库冰面自然结冰而成，冰层厚度达到0.5米以上，在这里集中了我国北方冰雪娱乐的所有民俗传统项目和国外冰雪娱乐的大众型项目19个，分别是激情雪圈、雪地摩托车、四轮卡丁车、旋风赛车、冰上碰碰车、雪地骑马、马拉爬犁、狗拉爬犁、冰爬犁、冰车等。

为了进一步发展本溪市冬季旅游市场，丰富广大市民的冬季文化生活，打造冰雪旅游品牌，依托本溪的冰雪旅游资源，从2004年起，本溪市已成功举办了数届冰雪节，推动了本溪旅游的发展。冰雪节坚持创新与发展的原则，注重突出群众性和娱乐性、民族性和文化性，通过组织一系列丰富多彩的冰雪旅游活动，吸引省内外游客到本溪休闲娱乐、健康养生、玩冰雪、过大年。

2. 弓长岭滑雪场

弓长岭滑雪场坐落在辽宁省辽阳市弓长岭区国家AA级汤河风景区内，占地100公顷。东北距本溪市34公里，西南距鞍山市35公里，西北距辽阳市30公里，北距沈阳市70公里，是国内城市近郊最大的滑雪场之一，也是集旅游观光、健身娱乐、休闲度假为一体的大型消闲场所。

雪场兴建于2003年7月，完善后的雪场建有各种标准场地，如100米的雪橇场，200米的雪圈场地，400米的爬犁场地，800米的教学场地，2000米的雪地摩托场地，1500米的中级雪道，700~800米的高级雪道，1200米的综合雪道。架设了4条拖牵索道和1条空中索道。优越的天然场地和先进完备的设施不仅能满足各类游客的滑雪需要，而且完全可以承办洲际的单项滑雪赛事。

雪场聘有国家高级教练、专业教练及初级教练，对前来滑雪和初学者可进行专业方面的指导和培训；同时，雪场还组建了滑雪学校和会员俱乐部。

冬季开设了高山滑雪、儿童滑雪、雪圈、雪橇、雪地摩托车、冰车、爬犁、滑冰等冰雪项目。

夏季开设了高山滑草、滑车、溜索、赛马、垂钓、漂流、绿色果品采摘等项目。同时还将举办辽阳名胜景点一日游及进行精彩的地方戏表演等。

滑雪场东临弓长岭城区，西近汤河水库风景区，背靠鹰嘴崖，面对大汤河。冬季气温在-20~5℃，年存雪期为4个月，每年11月下旬便可进行滑雪活动，5月份便可进行滑草及赏花等夏季项目。

场区内建有温泉服务楼，设有高、中、低档房间及农家小院，颇有特色的中、西餐和农家风味小吃，能满足住宿和饮食需要。特别是温泉浴，是运动后的理想选择。

3. 五龙高尔夫滑雪场

五龙高尔夫滑雪场由丹东五龙高尔夫球会投入1600万元于2002年修建，是具有现代规模的滑雪场地。2003年，在原有滑雪场的基础上，又进行了大量扩建工作，修建了超大型的滑雪场会所，内设有餐厅、更衣室、咖啡厅、滑雪用具专卖店、休闲大厅等设施，还延长了滑雪道，增加了滑雪距离，并配有大型的滑雪练习场、雪圈专用滑雪道、冰耙滑雪场地。滑雪场位于五龙球会山麓中，雪道两旁风景秀丽，滑雪道总长度1600多米，雪道最大坡度45°，最小坡度5°，平均坡度15°；滑雪索道一条，长度为1300米，为双人吊椅。滑雪用具有进口滑雪板、雪鞋、滑雪杖、雪圈、冰鞋、冰爬犁等。还设有自动拖牵索道，以满足不同水平的滑雪者的要求；配有两台大型进口造雪机，可在不下雪或天然降雪不足时满足冬季滑雪场用雪。

第六章　辽东地域的人文景观

辽东地域的历史文化底蕴深厚，拥有众多的人文景观。

第一节　辽东地域的古代文化遗址和历史文化遗迹

古代文化遗址和历史文化遗迹是指从历史、艺术或科学角度看，具有普遍价值的建筑物、雕刻、绘画、遗物、铭文等文物，在景观、建筑样式结合等方面具有突出价值的建筑或建筑群体；从历史、美学等角度看，具有突出普遍价值的人工物品或人与自然共同创造的物品和工程，如故宫、秦始皇陵兵马俑等。辽东地域的古代文化遗址和历史文化遗迹众多。

一、辽东地域的古代文化遗址

辽东地域的古代文化遗址以本溪庙后山古人类遗址为代表。

位于小市镇山城子村东的庙后山是一处古人类文化遗址。1978年，省、市、县考古队在距太子河1里左右的本溪县山城子乡太子河支流汤河右岸的庙后山南坡，发现了我国旧石器文化遗址中最东北的一处。庙后山古遗址是一个天然洞穴，属于奥陶纪石灰岩地层洞穴堆积，其厚度为13.5米，自下而上分8层，除第一、第三层未见化石和文物外，从第四层以上各层共出土了人类文化遗物14件和古动物化石74种，在第五、第六层还出土了两枚人牙和一段幼儿股骨化石。1978年以来，经过考古工作者四次重点发掘，发掘出幼儿头盖骨化石、人桡骨化石、旧石器、骨器、陶器、梅氏犀牛齿化石、大河狸白齿化石等珍贵文物四百余件。经考古证明，庙后山人起源于40万年前，属于旧石器时代早期，是东北地区现已发现的最早人类。

庙后山古人类遗址的发现，为辽宁省原始文化谱写了光辉的篇章，揭开了辽宁地区古人类历史的第一页，是本溪古老文明的象征。国家学部委员、著名地质学家、考古学家贾兰坡教授先后多次来庙后山考察，并撰写了《庙山后》一书，于1986年由国家文物出版社出版，引起了国际上考古学术界的瞩目。庙后山古文化遗址已分别载入《中国东北史》、《中国大事记》和《中国大百科全书》（考古卷）之中，为我国历史增添了辉煌的篇章。

二、辽东地域的历史文化遗迹

1. 东北最早的历史名城——襄平

时间在约公元前284—前279年间，燕将秦开袭破东胡，东胡退却千里之外。燕国设置襄平县，作为辽东郡的郡治。

燕国人在战国时期大规模进入东北地区。燕国在新开拓的土地上，设置上古、渔阳、右北平、辽西、辽东五郡，修筑长城，国力大增。辽东郡，辖境在辽河流域至朝鲜半岛北部。郡治在襄平，今辽阳市附近。

2. 古典现实主义的杰作——辽阳汉魏壁画墓

在第一章“绪论”中已做了专题介绍，在此不再赘述。

3. 高句丽遗存

（1）高句丽第一都城——五女山山城

五女山山城位于本溪市桓仁满族自治县城东北8公里处的五女山上，是全国重点文物保护单位、1999年全国十大考古发现之一，2004年被列入世界文化遗产名录。它是史料中记载的高句丽第一代王城“纥升骨城”的部分遗址。公元前37年，我国东北地方政权“夫余国”王子朱蒙率领一部分人在此建国立都，号称高句丽。作为第一代王城，高句丽王朝的政权在此经历了整整40年的时间，先后有两代国王在这执掌政权。公元3年，高句丽王朝第二代王琉璃明王类利把都城迁到了集安。公元427年，高句丽王朝迁都平壤。之后直到明永乐二十二年（1424年），建州女真族第三代首领李满柱率军挺进辽宁，驻扎于此，因此五女山也是满族文明的发祥和启运之地。

五女山山城依山势而建，呈不规则的楔形，南北长1540米，东西宽350~550米，分山腰的外城和山顶的内城两部分。山城东、西、北三面都是百尺峭壁，南面是险峻的陡坡，地形易守难攻。目前城内主要发现了3处大型建筑遗址以及城墙、哨所、兵营、蓄水池等遗址。五女山山城作为高句丽的早期都城，在东北地区历史以及高句丽民族历史研究中有十分重要的历史价值。

五女山山城建于公元前34年，它承袭了我国北方民族构筑山城的传统，但在选址布局、城墙筑法、石料加工等方面，却有更大的突破和创新，从而形成了一种不同凡响的山城形式，是我国东北和东北亚地区山城建筑进入划时代阶段的标志，在我国古代东北民族建筑史上具有里程碑的意义。

五女山山城被称为“东方第一卫城”，具备卫城的六大要素，有神庙、宫殿、粮仓、兵营、水源和海拔高度相对200米高的城墙。

（2）辽阳燕州城

燕州城是辽宁省内唯一保存完好的古代高句丽城垣，现被列为省级重点文物保护单位。

燕州城原称白岩城，是东晋元兴二年（403年），高句丽占据辽东城（今辽阳）后建筑的军事山城，位于灯塔市西大窑镇城门口村东石城山上。山城为不规则方形，用石块建筑，分外城、内城。外城的东、西、北面城墙顺山势起伏砌筑，并砌有马面及护城短墙。南面利用悬崖做墙，崖下是太子河外城，周长2500米。内城筑于外城东南角，长45米，宽35米，城内有蓄水池。山顶有瞭望台，俗称“点将台”，是明代建筑，为全城最高点，现城内仍存有“石城风安保国寺”碑首一截。

（3）凤凰山山城

凤凰山山城位于凤城市东南5公里的凤凰山和高丽山之间，距边门车站很近。凤凰山山城是高句丽中后时期的著名山城乌骨城，是我国境内规模最大的高句丽山城，因其是高句丽中晚期山城的建筑形制、设施布局和防御体系的重要样本，因此入选为第四批全国重点文物保护单位。

凤凰山山城随山就势而建，由城门、城墙、天然屏障和附属设施等组成，利用左右两山的悬崖为壁，山势低洼处以楔形石块垒筑城墙。计有86段人工城墙和87段天然屏障，周长约16公里，占地10多平方公里，是地处鸭绿江右岸我国境内规模最大的高句丽山城。城南半部以凤凰、高丽两山的悬崖为壁，山低处和悬崖沟谷之间用加工的楔形块石垒砌成坚固的城墙，东北角一面城墙4公里，残高6~8米，顶宽约3米。城设有东、南、西3门。南门正当谷口，山势低洼处以楔形石块垒筑城墙，用左右两山的悬崖为壁。城内广阔，北部有积石墓群，东部地势平坦，多有建筑遗址；西北部有高埠，埠下有河水由北向南蜿蜒而下。南门内西侧制高点上有瞭望台遗址，视野极其开阔，城外南部平原谷地尽收眼底。城内还有一处旗杆座遗址、一处点将台遗址、一处枯井遗址、一处采石场遗址及一处窑址遗迹等附属设施。凤凰山北部有外城，范围虽不及内城规模宏大，但也可观。外城沿山脊逐段而修，呈卵形，周长近16公里。此处的地面铺石在高句丽山城同类遗迹中尚属首次。

（4）抚顺高尔山山城——高句丽新城

抚顺建城可以上溯到高句丽的高尔山山城。高尔山山城其实就是高句丽时期的新城，取新城一名系对玄菟郡的老城而言。

抚顺地区汉代设玄菟郡，治所即在今天的抚顺。西晋时期的高句丽王国在抚顺的高尔山上建新城。初唐时期曾为安东都护府下辖的都督府治所在地。辽、金时置贵德州统辖抚顺地区。明洪武十七年（1384年）修筑抚顺城。

史籍中关于新城的记载基本都来自战争，公元339年“慕容皝击高句丽兵，至新城”开始，史书有载近20场战争。唐书载徐茂公语“新城，高丽西境镇城，最为要害，若不先图，余城未必可下”。事实也是如此，在灭高句丽一战中，新城破，鸭绿江北岸平。

高尔山山城位于抚顺市区北部的高尔山上，山城最高处约海拔150米。山城由东城、西城、南卫城、北卫城和东南角的三个环状小城构成一个有机的联合体。城垣周长约4公里，东西长1217米，南北宽912米，辟有北、东、南三门，山城地势险要，居高临下，扼守着浑河北岸的交通要道，地理位置十分重要。

目前山城东门和南门两侧的夯土堆也保留了下来，北门立有辽宁省文物保护单位的石碑。

4. 辽塔

（1）抚顺高尔山辽塔

（2）东北地区最高的砖塔——辽阳广佑寺白塔

在第三章“辽东地域的宗教文化”中已做了专题介绍，在此不再赘述。

5. 长城

（1）燕长城

（2）秦长城

（3）汉长城

上述内容在第一章“绪论”中已做了专题介绍，在此不再赘述。

（4）万里长城的东端起点——虎山长城

虎山位于丹东市城东15公里的鸭绿江畔，是鸭绿江国家级风景名胜区的一个重要景区，它隔江与朝鲜相望。

虎山原名马耳山，因两个并排高耸的山峰状似两只竖立的虎耳，亦称虎耳山，至清代演化为今日的虎山。虎山突起于鸭绿江边，平地孤耸，视野开阔。作为国门，长城选址虎山，确有军事意义，丹东历次被外敌入侵，虎山首当其冲，总被视为军事要塞。任何一个懂得军事的人都知道，占据制高点，就等于控制了战斗的主动权。

虎山长城是明长城的东端起点。20世纪90年代初，文物考古部门发掘出虎山南北连绵不断的长城墙体和墙基，经过罗哲文等一大批长城专家学者实地考察认定为万里长城的东端起点，使教科书中的传统说法得以改写，政府部门也随即组织展开了大规模的修复工作。现在看到的虎山长城，就是依据1992年通过的《虎山长城修复设计方案》，在明长城遗址上修复起来的。虎山长城现已修复1250延长米，修复了过街城楼、烽火台、敌台、战台、马面等十二景。修复后的明长城依山就势，蜿蜒北去。这里山川秀丽，江河清碧，气候宜人，风景优美。虎山附近有汉代城池西安平县遗址和甲午中日战争、日俄战争战场遗址。虎山面积4平方公里，主峰高146.3米，峰顶是万里长城的第一个烽火台。

【补充阅读1】虎山明长城遗址

坐落在丹东市东北约12公里处，是明万里长城的东端起点，因地处鸭绿江畔的虎山而得名。始建于明成化五年（1469年），为防御建州女真人侵扰而建，是明朝防御体系最为完善的一段长城，也是唯一修建在两国边境线上的长城，曾是中日甲午海战的陆战场和日俄战争的主战场。遗址所在地虎山景区，与“朝鲜八景”之一的统军亭隔江相望。景区中有中朝边境“一步跨”、长城历史博物馆、古栈道遗址等景点，是以古代军事文化旅游为主题，以中朝边境旅游和红色旅游为特色的国家AAAA级景区，也是国家级重点文物保护单位。

6. 文庙游园

文庙游园始建于金，在清康熙以后逐年增建，占地1万平方米，是当时北方最大的孔庙之一，据说当时还有许多字是乾隆题写的。今天的文庙游园占地3.2万平方米，是在辽阳文庙遗址上建立起来的。

从棂星门进入可以看到，左边是忠孝枋，右边是礼仪枋，跨过泮池上的状元桥，两旁是8块廊架，碑上刻有孔子的思想等。再往前走是长8米、宽3米的书形石刻。随后登上大成台，大成台高1.2米，占地400多平方米。大成台的中央就是文庙游园的核心——孔子塑像。孔子像基座高2米，其南北两面雕刻有孔子的生平介绍，东西两面雕刻了孔子周游列国图和孔子讲学图。再往前走是读书堂，呈阶梯状，椭圆形，这里不再是孔子讲学的地方，而是将要成为群众表演节目的小广场。往里走是照壁，此处园中还有4个亭子。

文庙游园中最引人注目的是一尊高6.2米的孔子塑像，目前在全国是最大的。整尊塑像由5块豆绿色花岗岩雕刻而成，为了减轻重量，采用的都是空心设计，即使这样，整尊塑像的重量也有40多吨。

7. 明朝与后金战略决战地——萨尔浒古战场遗址

萨尔浒大战发生在1619年，是古代战争史上以少胜多的典范。由于努尔哈赤所统帅的女真族部落在新宾和萨尔浒一带日益发展壮大，定都于赫图阿拉城，并建立了后金政权，明朝为了维护其日趋衰落的政权统治，于是集结重兵，兵分四路，想一举歼灭日渐崛起的后金政权。清太祖努尔哈赤以其卓越的军事才能，指挥后金大胜明军，为日后西进辽沈、建立大清帝业奠定了坚实的基础。

大战途径王杲山、莲花背大营，延伸至萨尔浒山城。现在的古战场虽被大伙房水库的湖水所淹没，却凝聚着厚重的清前文化底蕴。为颂扬先祖的丰功伟业，康熙、乾隆等四帝先后九次途经萨尔浒古战场晋谒永陵。莲花背大营是东巡祭祖时的第25个驿站，历代帝王名臣咏怀凭吊古战场、歌颂列祖功德时，留下了大量珍贵的诗文。

8. 清王朝的发祥地——赫图阿拉故城

赫图阿拉故城位于辽宁省新宾满族自治县永陵镇，西距世界文化遗产、全国重点文物保护单位清永陵5公里。“赫图阿拉”是满语，汉意为横岗，即平顶小山岗，是辽宁省重点文物保护单位、国家AAAA级旅游景区。

赫图阿拉故城是一座拥有400余年历史的古城，始建于明万历三十一年（1603年）。明万历四十四年（1616年）正月初一努尔哈赤于此“黄衣称朕”，建立了大金政权，史称后金。后金天聪八年（1634年），赫图阿拉城被皇太极尊称为“天眷兴京”。

赫图阿拉故城不仅因清太祖努尔哈赤出生于此而享誉神州，更因这里曾是满族第一国都而蜚声海内外。赫图阿拉城分内外两城，城垣由土、石、木杂筑而成。内城东西长551米，南北宽512米，占地24.6万平方米，内城墙周长2027米。主要建有汗宫大衙门（俗称金銮殿）、正白旗衙门、汗王井、关帝庙、满族民居、塔克世故居、八旗衙门、协领衙门、文庙、昭忠祠、刘公祠、启运书院、城隍庙等一大批古建筑群及遗址等。外城东西1335米，南北1352米，占地约155.9万平方米，外城墙周长5230米。主要遗址有驸马府、铠甲制造场、弧矢制造场、仓廒区等。外城外（中华满族风情园）建有显佑宫（玉皇庙）、地藏寺、满族民俗博物馆、满族老街、满族历史文化长廊等古建筑群，东南有堂子，西北有点将台与校军场等遗址。

内城住的是努尔哈赤的家属和亲族，外城住的是八旗兵丁，城外住的是各种工匠，有两万多户。内城现存“尊号台”遗址，是明万历四十四年（1616年）努尔哈赤称汗的地方。正白旗衙门在内城的东侧，保存得较为完好。关帝庙位于南门内西侧，为努尔哈赤在位时所建，现已经过翻修。皇寺（地藏寺）已经荒废，仅存满汉文碑刻、铜钟及础石。古井位于城内最低处，井水甘甜，常年不竭，是内城唯一的水井，至今当地人仍在饮用。内外城的城墙、城门还在，仍可供旅游者登临怀古。

赫图阿拉作为后金的第一个都城，具有很高的历史研究价值，现已被列为省级文物保护单位。

9. 东京城、东京陵

东京城位于辽阳市太子河区东京陵乡新城村，为省级文物保护单位。

东京城始建于后金天命六年（1621年），为清太祖努尔哈赤从赫图阿拉城迁都辽阳时修筑。该城平面略呈菱形，占地面积0.75平方公里，每面城墙各置两座城门，共设八门；城内两个高点各建“八角龙殿”和“寝宫”；城内东侧建弥陀禅寺。

现东京城遗址仅存“天佑门”及断断续续的夯土墙心。城内发现有汉、满文石门额及琉璃建筑饰件等文物。东京陵位于辽阳市太子河区东京陵乡东京陵村，为省级文物保护单位。

东京陵在清朝先祖建业辽沈期间曾一度为王室的祖陵，在清朝政权发展史上具有十分重要的意义。清太祖努尔哈赤迁都辽阳后，于后金天命九年（1624年）将其祖父、弟、子等十余人的陵墓由赫图阿拉迁至东京城东北4华里的阳鲁山上，成为后金祖陵，故称“东京陵”。清顺治十一年（1654年），努尔哈赤祖父辈的陵墓被迁回故土赫图阿拉城的清永陵。

东京陵现存努尔哈赤胞弟舒尔哈齐、长子褚英、庶母弟穆尔哈齐及其子达尔差等人的四座陵园。陵园内有缭墙、山门、碑亭等建筑。碑亭保存完好，建于舒尔哈齐墓前，是四券单檐歇山式建筑，内有彩绘藻井，亭中立有大理石“庄达尔汉把兔鲁亲王碑”，用汉、满两种文字刊刻，字迹清晰，雕刻精美。

10. 清初“关外三陵”之首——清永陵

清永陵是清朝皇帝的祖陵，位于辽宁省新宾满族自治县永陵镇西北启运山脚下。清永陵北依启运山，南临苏子河，对峙烟筒山。

陵内为努尔哈赤的六世祖猛哥帖木儿（追封肇祖原皇帝）及其嫡福晋（追封肇祖原皇后）、曾祖福满（追封兴祖直皇帝）及其嫡福晋（追封兴祖直皇后）、祖父觉昌安（追封景祖翼皇帝）及其嫡福晋（追封景祖翼皇后）、父亲塔克世（追封显祖宣皇帝）及母亲喜塔拉氏（追封显祖宣皇后）以及伯父礼敦、五叔塔察篇古等人的墓地陵园。始建于明万历二十六年（1598年）；后金天聪八年（1634年）称兴京陵，清顺治十六年（1659年）尊为永陵。从1682年到1829年，康熙、乾隆、嘉庆、道光等皇帝曾先后九次亲来永陵祭祖。

清永陵在建筑形制、布局、造型、工艺上都有自己的建筑特点和艺术特色。1988年被公布为全国重点文物保护单位，2004年被列入世界文化遗产名录。

清永陵是我国现存规模较大、体系较完整的封建帝后陵寝建筑群。整体建筑由陵前参拜道、下马石碑、前院、方城、宝城、省牲所等几部分组成。陵前参拜道南北长840米，以黄沙铺垫。参拜道南北两端之左右各立下马石碑一甬。碑阳竖书阳刻汉、满、蒙、回、藏五种字体“诸王以下官员人等至此下马”文字。参拜道中央原有一座小桥，名玉带桥。

清永陵的主要特点是“坐北朝南，神道贯穿，居中当阳，中轴不偏”。永陵选择在启运山南麓背风朝阳、窝风藏气的龙脉正穴之前营造宝鼎正殿，并由正穴向南修筑一条长约1公里的笔直通道，称为“神路”，是陵寝的中轴线，也是陵寝的坐向线。享殿启运殿就建在中轴线北端，有“居中当阳”之意。启运门、正红门都在轴线上坐北朝南依次排开，即有层层拱护正殿的作用，又有突出中心、强化皇权的寓意。

【补充阅读2】清帝东巡之永陵祭祀

清帝东巡时所带的扈从和随员，少则万人，多则几万人，所需要的一些物品，不是取自沿途各地，而是全部都要从京城当中带出来，所以当时清帝东巡就是国家的一项盛典。清朝皇帝历来主张以仁孝治天下而首重山陵，并将皇陵祭典列为国家最重要的典礼之一。按照清朝典制，清永陵每年要举行4次大祭，小祭24次。大祭在清明、七月十五、冬至、岁暮举行。每月初一、十五均举行小祭。此外，逢国家重大庆典，清帝东巡谒陵也要举行祭祖大典。每次大祭的主祭管要由皇帝钦派，一般由宗室王公大臣或盛京将军担任。每月的小祭活动主要由永陵总管、永陵掌关防官主持。大祭日五更之时，抬桌官员将祭台抬入启运殿，由执事人将祭品摆放在供案上准备祭典。

祭祀开始时启运殿前丹墀正中设反坫案。案上设爵三件、祝帛四份。参祭官员身着朝服集于启运殿前，犹如上朝一样排班肃立。礼部官员行一跪三叩首礼读祝文，读祝文后送焚帛亭焚化。如皇帝亲谒则举行望瞭礼。

永陵祭祀除正常按制祭祀外，尚有清帝东巡谒陵祭祖之举动。自顺治元年（1644年）顺治入关以后，在清朝长达268年的过程当中，先后有康熙、乾隆、嘉庆、道光四帝共九次亲临永陵祭祖，其中康熙两次、乾隆四次、嘉庆两次、道光一次，除此之外尚有雍亲王等代祭两次。乾隆皇帝在第二次东巡祭祖时往返时间就用了191天，可见当时的朝政是相当稳定的，在那时国力比较强盛的时候东巡的次数就相对多一些，其时皇帝东巡的目的也不仅仅是为了祭祖，沿途还要对当地的政治、军事以及经济生产进行视察。

11. 曹雪芹纪念馆

曹雪芹是我国古典名著《红楼梦》的作者，经考证其祖籍在辽阳。曹雪芹纪念馆位于辽阳市卧狮胡同2号，是在清代建筑吴公馆的基础上建立的，为市级文物保护单位。

曹雪芹纪念馆为二进四合院，有硬山瓦房21间，院内有曹雪芹塑像。纪念馆内各展室收藏和展出曹家相关的历史档案、曹雪芹祖父曹寅的诗作、曹氏家谱、清宫档案等一系列文献资料。此外，还陈列有多版本的《红楼梦》以及以《红楼梦》为内容的全国名家书画等。整个陈列馆为清代建筑，每个展室皆有楹联，前门有著名红学专家冯其庸题写的“曹雪芹纪念馆”金字牌匾。

12. 辽阳博物馆

辽阳博物馆位于辽阳市文圣区东四道街中心路2号，为国家AA级旅游景区和省级文物保护单位。辽阳博物馆始建于1921年，原系民国时期东三省官银号总办、东北边业银行总裁彭贤的别宅，号称“彭公馆”，是仿清代王府三进一厅两园的四合院式建筑群，1985年辟为博物馆。

辽阳博物馆于1985年10月1日正式对外开放。馆内布置有5个展室，馆藏文物5000多件，其中选出300余件作为辽阳简史基本陈列。展览内容有从新石器时代至明清时期的文物。其中的精品有梅氏犀牛化石、春秋战国青铜器、西汉村落出土文物、古墓壁画等。清代王尔烈寿屏为辽阳博物馆的镇馆之宝。

【补充阅读3】王尔烈纪念馆

王尔烈纪念馆在辽阳老城西门里翰林府胡同，今属白塔区翰林委。它是清嘉庆皇帝赐建的府第。

这座翰林府第在建筑布局上不同于封建时代那种对称封闭式官宦人家的公馆，府第并不大，东西两院，房屋20余间。西院为住宅，东院为书房、花园。门朝南开，门上有马石、影壁，一间小门楼，外挂“太史第”、内挂“传胪”两匾，蓝地金字，由大学士王杰题写。

门里第一趟5间前厅，房脊左右斜插“钢刹寿”，表示为官显赫。第二趟5间后堂，是祭拜祖宗之所，堂里收藏王尔烈画像和谱书，王尔烈七十大寿和其母九十大寿两架寿屏，在夹壁墙里收藏，作为王氏世代传家之宝。现在，两架寿屏珍藏在辽阳博物馆。

13. 本溪市博物馆

本溪市博物馆位于辽宁省本溪市明山区峪明路，成立于1980年，是以本地区文物收藏、陈列、研究、群众教育为主的综合性博物馆。本溪市博物馆馆藏文物近万件，主要以本地区出土文物为主，有旧石器时代早期的人类牙齿及小孩股骨化石，青铜时代的石器、陶器，战国青铜短剑等，此外，还有明清时期的精美瓷器。建馆以来，举办和引进各类展览80余个，主要有《本溪历史陈列》《本溪名家书画作品展》等。考古发掘和文物调查成果显著，重要的发掘项目有庙后山旧石器时代遗址发掘、太子河上游青铜时代洞穴墓地发掘、高句丽五女山山城发掘、高句丽米仓沟壁画墓发掘等。

新馆落成于2009年，建筑外观为井联双鼎造型，古朴而典雅，占地面积1.59公顷，建筑面积8000平方米，其中陈列面积4000平方米。《本溪的记忆》为本溪市博物馆基本陈列，共分4个部分，分别为“东北第一人的故乡”“洞穴：从家园到墓园”“燕汉东进与高句丽兴起”“多民族文化的融合”，通过文物陈列、场景复原及多媒体互动等多种形式，展示了本溪地区的悠久历史。

14. 丹东市博物馆

丹东市博物馆位于丹东市英华山上，建筑面积4900平方米，展馆陈列面积2000平方米。

丹东市博物馆现有文物实际数量2.4万余件，文物藏品年代涉及石器时代、青铜时代、战国、秦汉、辽、金、元、明、清等各历史时期；藏品类别分属石器、陶器、瓷器、金属器、牙角器、书法、绘画等10余个门类，形成了独具特色的博物馆藏品体系。

丹东市博物馆的陈列主题是《鸭绿江的述说——丹东历史文物陈列》，展览分为“自古幽燕地”“不尽鸭绿江”“沧桑东边道”三部分。展览以历史区域与图画展品相结合，以复原遗迹与出土文物相结合，再现了丹东地区远古至清末大约18000年的历史发展进程。珍贵藏品有镇馆之宝“战国青铜剑”“清代象牙雕塔、骨雕扇”，有弥足珍贵的旧石器时代前阳洞穴遗址、新石器时代后洼遗址出土文物，有国家级珍贵文物秦代石邑戈、汉代安平乐未央瓦当、辽代契丹文铜印、明代永乐款青花人物赤壁赋碗等。

【补充阅读4】丹东物质文化遗产

东港市大孤山镇是省级历史文化名镇。国家森林公园有大孤山景区、天桥沟景区2处。国家级自然保护区有白石砬子1处。另有国家级湿地保护区1处（鸭绿江口湿地）。

国家重点文物保护单位有凤凰山山城、鸭绿江断桥2处。

省级文物保护单位有辽东解放烈士纪念塔、志愿军第十三兵团指挥所旧址、伪满东行宫遗址、辽东省人民政府旧址、爱河尖古城址、九连城古城址、江沿台堡城址、任国桢故居、鸭绿江浮桥、大孤山古建筑群、前阳洞穴遗址、后洼遗址、大鹿岛毛文龙碑、刘家堡古城址、凤凰城城守尉衙署旧址、东山大石盖墓、魁星楼与孔庙牌坊、赫甸城古城址、创筑大奠堡记碑、虎山遗址、小城子山城、柏林川石刻22处。

市级文物保护单位有英美领事馆旧址、安东海关、伪安东协和会馆旧址、文化宫、朝鲜银行支店旧址、中朝友谊桥、锦江山大桥、日本安东女子中学旧址、日本安东中学旧址、抗美援朝烈士陵园、伪省长公馆、汤毓麟公馆、英国楼、满洲中央银行安东支行旧址、安东基督教三育中学旧址、安东基督教神学院修女宿舍旧址、牧师楼旧址、郭慕深办公楼旧址、安东基督教堂、宝光寺、宝龙庵、极乐庵、元宝区抗美援朝烈士陵园、日俄战争遗迹、青椈林七烈士墓、振安区烈士陵园、汤山城烈士陵园、老虎城子山烽火台、小孤山瞭望台、灯台山石刻、大鹿岛灯塔、闫坨贝丘遗址、柳条边东端起点、宣城遗址、南岗头惨案旧址、甲午海战无名将士墓、老石山遗址、杨家大院、桦木山遗址、邓铁梅司令部旧址、西土城遗址、萌芽山山城遗址、凤凰山石刻题记、苗可秀纪念碑、解放纪念塔、清真寺、胡家堡古墓群、青城子溥仪行宫、凤凰山古建筑群、边门岭柳条边遗址、关大老爷旧居、尖砬子山城、东台石盖墓群、步月楼、抗联统战指挥部、抗联遗址、老地沟遗址、浑江瓦窑、革命烈士纪念塔、宽甸县高等初级两小学堂碑记、奭公德政碑、白菜地边墙、鸡冠砬子积石墓群、岔沟边墙、高台堡山城、崔家堡子石碑、挂房子石墙遗址、泡子沿边壕、河口断桥、寺院沟边墙、兴隆堡烽火台、杨洞抗联旧址、青山沟小城子山城、隈子沟积石墓群、土城子古城址、北沟祝公墓碑76处。

县级文物保护单位有中江台遗址等106处。

国家级革命烈士纪念建筑物有抗美援朝纪念馆1处。

【补充阅读5】丹东之最

辽宁省温泉最多的地区：丹东地区是辽宁省温泉最多的地区，境内已发现的温泉有18处。

辽宁省人均有水量最多的市：丹东市人均有水量4100立方米，高于全国1.5倍，高于辽宁省4倍。

辽东长城第一关：位于凤城市爱阳镇爱阳城村东岭上的镇朔关，建于明成化五年（1469年），为辽东长城第一关，其建筑结构和居庸关、嘉峪关等相同。

辽宁省最大的自然保护区：位于宽甸满族自治县北部的白石砬子自然保护区，是全省最大的自然保护区。1988年5月9日，国务院批准该保护区为国家自然保护区。

国内种植面积最大、推广时间最长的玉米杂交种：丹玉13号是由丹东农科院育成的，全国24个省、市、自治区1985—1997年累计种植面积4亿多亩，增产粮食114.8亿公斤，年最高种植面积5300万亩，为国内种植面积最大、应用时间最长、增产粮食最多、经济效益最显著的玉米杂交种。1987年获省科技进步一等奖。

国内唯一的名贵柱参生产地：宽甸满族自治县振江镇石柱子村栽培柱参历史悠久，所产柱参驰名中外，为宽甸独有、辽宁一绝、国之瑰宝，亦称“石柱参”。其外形酷似野山参，药用成分和其他营养元素也与野山参相似，历来被视为人参上品，价格昂贵。石柱子村是目前国内唯一的名贵柱参生产地。

国内最大的煤气表专业生产厂：丹东热工仪表厂在“八五”期间迅猛发展，固定资产达到4248万元，为国内最大的煤气表专业生产厂，并跨入世界大型煤气表生产厂行列。所生产的“丹热牌”燃气表，为丹东首个“中国名牌产品”。

国内最早的X射线仪器生产厂家：1965年12月24日，安东仪器厂研制成功我国第一支X射线管3BCY1－200型，并通过丹东市的技术鉴定，成为全国最早生产X射线仪器的厂家。

国内最大的柞蚕丝绸生产基地：丹东柞蚕丝绸中外驰名，是我国纺织业的传统产品。20世纪60年代，丹东柞蚕丝绸工业形成了包括养蚕、缫丝、织绸、印染和丝绸机械制造、教学、科研在内的全国最大、最完整的丝绸生产体系，也是全国最大的柞蚕生产基地。

虎山长城作为明长城的东端起点，已于1990年12月25日由国家著名长城专家和考古专家向世人公布。

15. 抚顺市博物馆

抚顺市博物馆是抚顺地区规模最大、藏品量丰富的社会历史类博物馆，前身为1959年成立的抚顺市文物工作队。1973年，抚顺市博物馆正式成立，1979年馆址迁到抚顺市东洲区平山街南昌路17号。博物馆占地面积为115000平方米，立体建筑为1983年建的1100平方米的3层砖混几何形楼房。

馆内有馆藏文物2000余件，分陶器、瓷器、铜铁器、石器、兵器、珠宝玉器、金银器、竹木器、皮棉毛、骨蚌、书画11大类。藏品以本地区出土文物居多。清代文物在馆藏文物中占相当的比重。

16. 元帅林

元帅林国家森林公园位于辽宁省东部抚顺市区东38公里处，地处大伙房水库东北岸张作霖空墓陵区，公园处于浑河、苏子河交汇处，萨尔浒山北侧铁背山对面。园内林木繁密，萨尔浒山山势奇特，苏子河、浑河和萨尔浒河从园区周围流经。元帅林是张学良等人为张作霖修建的陵墓，陵园坐北朝南，由方城、圆城、墓室三部分组成。

1928年，陵墓开始建设时，张氏家属曾从北京、河北等地古代陵墓搜集了大批明代和清代的精美石刻（1924年张作霖曾经在圆明园运走过汉白玉用来建设自己的墓地），拟用于此墓的建设。后来由于历史原因，张作霖的遗骨安放在他处，但那些具有较高历史、艺术、科学价值的石刻便存放于此，摆在了墓室外的神道两侧。1988年，“元帅林”被公布为省级文物保护单位。1992年7月经林业部批准建立国家森林公园，占地面积10.44万亩。

【补充阅读6】张作霖葬于哪？

曾为一代枭雄的“东北王”张作霖墓位于辽宁省凌海市石山镇南驿马坊村西头的果树林中。1984年8月，锦州市人民政府将张作霖墓地列为重点文物保护单位，并雕一花岗岩标牌立于园中，阴刻魏碑体“张作霖墓园”。

张作霖由“东北王”一跃被封为全国陆海空军大元帅后，决定在抚顺章党附近，选有傍山依水、风景优美、地形出众之处，按照过去皇帝登基就位始修陵墓之例，也大兴土木，兴修元帅林。以北陵为模式，从北平西郊石景山隆恩寺以及清太祖努尔哈赤第七子阿巴太等人的墓地运来一些石马、石狮子以及翁仲等62件，建筑非常雄伟壮观，想以此作为葬身之处。

1928年6月4日，张作霖被迫由北平退回奉天，在皇姑屯被日本人炸死，灵柩停放在沈阳东关珠林寺内暂厝，待抚顺元帅林修成后再行安葬。“九·一八”事变，日寇侵入沈阳，元帅林被迫停工，张作霖安葬元帅林一事搁浅。

17. 辽阳碑林

辽阳碑林位于省级文物保护单位辽阳博物馆西院，于2000年6月开始修建，历时一年零三个月，于2001年9月竣工。

整个碑林建筑面积近360平方米，为砖木结构的仿清代悬山式建筑。主楼两侧南北对称分置游廊与方亭，由梁柱支撑，柱网排列有序，廊檐凳环绕四周。楼、廊、亭工艺考究，完全遵循《清代营造法式》施工。彩绘风格为苏式彩画，正面绘有十余幅辽阳重要历史故事，使游人在观览碑刻之余，既可欣赏精美彩画，又可品评古城故事，可谓匠心独运，意味悠长。

碑林内五十余座碑石排列疏密有致，主次有别。古老的碑石配以经考证、注释的说明，更显得历史的古朴与文化积淀的厚重。碑林内石刻种类丰富，包括人物碑、寺庙碑、纪事碑，以及墓志、塔铭和经幢等。时代上起金元，下至民国初年，跨度达八百余年。同时，这些碑刻还具有极高的史料价值。其中《大金喇嘛法师宝记碑》、《重修玉皇庙碑记》和《东京新建弥陀禅寺碑记》为“曹氏祖籍辽阳说”提供了有力的佐证；《通慧圆明大师塔铭》则记录了金世宗完颜雍之母贞懿皇后出家为尼的史实，对研究金代杰出君主完颜雍的家世及当时政治与宗教关系提供了丰富的史料；《辽东都司进士举人题名碑》对我国文化教育制度的演变以及明代辽东地区科举情况的记述，为这一时期教育史的研究提供了宝贵的素材；清代开国名臣何和礼、其妻端庄固伦公主及其曾孙抗俄名将彭春的墓碑是研究清代初期历史的珍贵资料。另外，《双树子牧场碑记》反映了清乾隆年间的土地关系；《英国牧师李雅各殉道堂碑文》反映了基督教教士在甲午战争中的遭遇；《徐珍家祠碑》记述了甲午战争中辽阳人民抗击日寇的历史功绩。

辽阳碑刻时代之早，数量之多，内容之广，价值之高，在东北地区实属罕见，是研究历史上辽阳乃至东北地区政治、经济、军事等方面弥足珍贵的第一手资料。这些碑刻弥补了史籍文献之不足，避免了“有史无文，有史无迹”现象的出现，起到了对文献纠正补漏和拾遗补阙的作用，具有多方面的学术价值和珍贵的史料价值。同时，辽阳碑林又是文物陈列与古建筑及造园艺术相结合的成功范例。它既是汲取文化知识的场所，又是人们休憩的好去处，正以其特有的文化内涵而日渐成为辽阳旅游的又一亮点。

第二节 辽东地域的红色旅游

一、红色旅游概述

红色旅游主要是以中国共产党领导人民在革命和战争时期建树丰功伟绩所形成的纪念地、标志物为载体，以其所承载的革命历史、革命事迹和革命精神为内涵，组织接待旅游者开展缅怀学习、参观游览的主题性旅游活动。红色旅游把红色人文景观和绿色自然景观结合起来，把革命传统教育与促进旅游产业发展结合起来的一种新型的主题旅游形式。其打造的红色旅游线路和经典景区，既可以观光赏景，也可以了解革命历史，增长革命斗争知识，学习革命斗争精神，培育新的时代精神，并使之成为一种文化。

二、红色旅游资源

辽东地域的红色旅游资源众多，其中最具代表性的与抗日、抗美援朝和雷锋精神等有关。

1. 丹东抗美援朝纪念馆

丹东抗美援朝纪念馆位于丹东市英华山上，是我国唯一的全面反映抗美援朝战争的专题纪念馆，始建于1958年10月，1993年7月27日，新馆落成并正式开馆。被命名为首批“百个全国爱国主义教育示范基地”和“全国百家红色旅游经典景区”。

抗美援朝纪念馆以抗美援朝战争史为基本陈列，主要陈列内容分布在陈列馆、空军专馆、全景画馆和露天兵器陈列场。陈列馆以新颖的艺术形式和现代陈列手段，通过翔实的历史资料、丰富的文物，全面地反映了伟大的抗美援朝战争和抗美援朝运动。

陈列馆全部陈列内容分布在10个展厅内，展线440米，陈列面积1630平方米。展出历史照片500余幅，文物1000余件，辅以复原陈列、电动沙盘、电动图表、影视设备等现代化陈列设施，利用全封闭玻璃通柜式展现，以及自然光、灯光结合的采光方式，生动地展示了抗美援朝战争的历史。

全景画馆陈列有全景画《清川江畔围歼战》。画面以抗美援朝战争第二次战役为背景，以清川江畔三所里、龙源里、松骨峰等阻击战为重点，形象地反映了志愿军在战场上的英雄气概。画面高16米，周长132.6米，配置地面塑型、灯光和音响效果，艺术地再现了壮观的战争场面和恢宏的战争气氛。

露天兵器陈列场面积2000平方米，陈列抗美援朝战争中我军使用的飞机、大炮、坦克等重型武器装备，以及志愿军缴获的敌人的重型武器。抗美援朝纪念馆共收藏文物19500余件，分为两大系列，即抗美援朝文物和历史文物。现收藏抗美援朝文物12100余件，其中国家一级文物47件，如志愿军副司令员洪学智同志的一级自由独立勋章、平壤以北道路调查材料和朝鲜交通调查图；志愿军参谋长解方同志在谈判时期使用的照相机；志愿军政治部主任李志民同志的一级国旗勋章、一级自由独立勋章；第十九兵团司令员杨得志同志的一级国旗勋章、第九兵团司令员宋时轮同志的卡宾枪；魏巍同志的《汉江南岸的日日夜夜》手稿等。该馆还收藏有历史文物7391件，其中瓷器826件，铜器126件，镇币2687件，书画355件，其他工艺品627件。历史文物中有国家一级文物4件，即战国时期的叶脉纹双纽铜镜、青铜短剑以及元代的乳白黑釉花大罐、清乾隆年间的象牙雕塔。

【补充阅读7】丹东红色旅游线路

红色旅游线路一

——抗美援朝纪念馆+鸭绿江断桥+鸭绿江浮桥遗址

英烈安魂处——抗美援朝纪念馆

抗美援朝纪念馆位于丹东市桃源街附近，是一座塔楼式建筑群。丹东市抗美援朝纪念馆是我国唯一的全面反映抗美援朝战争的专题纪念馆，始建于1958年10月，1993年7月27日，新馆落成并正式开馆。纪念馆坐落在丹东市市中心北部风景秀丽的英华山上。

抗美援朝纪念馆以抗美援朝战争史为基本陈列，主要陈列内容分布在陈列馆、空军专馆、全景画馆和露天兵器陈列场。陈列馆以新颖的艺术形式和现代陈列手段，通过翔实的历史资料、丰富的文物，全面地反映了伟大的抗美援朝战争和抗美援朝运动。

历史的见证——鸭绿江断桥

鸭绿江断桥为鸭绿江上诸多桥中的第一座桥，1909年5月动工，1911年10月竣工。由当时日本朝鲜总督府铁道局所建。始为铁路桥，十二孔，长944.2米。从中方数第四孔为开闭梁，以四号墩为轴，可旋转90°，便于过往船只航行。伪满时期，日本人在此桥上又建成第二座铁路大桥（即今日之中朝友谊桥），1943年4月启用，遂将第一桥改为公路桥。

1950年11月至1951年2月，美国为切断中朝运输线，派出B-29、B-17重轰炸机以及F-80战斗轰炸机多次轰炸，第一桥毁为废桥。

中方所剩四孔残桥保留至今，习惯称“断桥”，为市级文物保护单位，1993年6月动工修整，辟为旅游景点，命名为“鸭绿江端桥”。桥身漆成浅蓝色，意在不忘战争，祈盼和平。后经多方提议，将桥名恢复为“鸭绿江断桥”，桥身恢复为钢铁灰色。由原国防部长迟浩田上将题写桥名“鸭绿江断桥”，意在保留历史原貌。作家陈运和到此写下散文《历史登上鸭绿江断桥》，称“上了断桥犹如上了一节爱国主义生动教育课，知耻辱、知胜利、知天下大事，跟着共和国昂首阔步走过来”。

2006年，鸭绿江断桥被国务院批准为全国第六批重点文物保护单位，也是丹东市区唯一的国家级保护单位。

炮火生命线——鸭绿江浮桥遗址

振安区燕窝村附近的鸭绿江江面上，伴着静静流淌的江水，横江矗立着一排深褐色的木桩桥墩，虽然经过60年的洪水冲刷，仍然稳立江中，随着潮涨潮落，默默地带人们走进那段硝烟弥漫的难忘的岁月。此处就是著名的省级文物保护单位——“鸭绿江浮桥”遗址。

鸭绿江浮桥是一座木桩结构的列柱式铁路便桥，距中朝友谊桥约6000米。抗美援朝战争时期，为了保证志愿军渡江和运输作战物资，经安东铁路分局勘测，东北军区工兵部队负责修建，于1951年1月1日动工，同年5月30日建成投入使用。铁路便桥共19座桥墩，由直径30~50公分粗的圆木集群而成，每个桥墩用圆木111根，横排15根，纵排7根，左右各3根，每个桥墩下面由石块堆积加固，桥长500米，宽15米。铁路便线从金山湾站接轨，沿楼房、马家堡、套外村，紧贴东平大街山根经燕窝村过江，通过朝鲜五木里直达新义州。战争结束后于1954年7月拆除。当时只将铁轨和桥面板拆除，故遗留木桩墩排列于江中。这是丹东城区今日能看到的唯一浮桥遗址（另一处铁路便线从沙河镇站接轨沿着大坝，通过江心岛直达新义州。由于拆桥时将木桩基整齐划一地截断于水下，故水面未留下太高的痕迹）。

当年从金山湾至燕窝过江铁路沿线的房屋都住满了志愿军，铁路线上一列列火车，在群山丛林的掩映下，将满载的军用物资源源不断地运送到朝鲜战场，为“抗美援朝，保家卫国”做出了重要贡献。目前一部分路基尚在，沿线房屋依存（马家堡段），如今这些历史遗迹显得愈发弥足珍贵。

正如遗址旁的两组群雕那样，在支援前线的日日夜夜里，家乡人民积极响应市政府向全市人民发出的号召：万众一心，团结协作，不畏强霸，要人给人、要物给物、要血给血、要什么就给什么、要多少就给多少，涌现了父母送子参军，新娘送郎赴前线，工人农民备车、备担架跨过鸭绿江的动人场面，用血汗和身躯谱写了一曲可歌可泣的卫国战歌。

红色旅游线路二——河口断桥+天桥沟抗联遗址

英雄的足迹——河口断桥

河口景区位于辽宁省丹东市宽甸满族自治县境内，鸭绿江百里黄金旅游带的中上游，与朝鲜民主主义人民共和国清水郡隔江相望。这里上连全国著名的水丰发电站，下接太平湾发电站，是一个汇集了“自然景观”“人文景观”“历史遗迹”“民俗民风”以及“异国风情”的一个超浓缩型的综合性景区。在景区内近30公里的沿江线上，分布着具有人文景观代表性的“龙泉山庄”，具有自然景观代表性的万亩桃花，具有深刻历史教育意义的“河口断桥”，具有神秘感的朝鲜异国风光，以及民俗民风的代表性建筑“长河岛朝鲜民俗村”，是河口景区吸引众多海内外游客的五大特色。

具有深刻历史教育意义的“河口断桥”，原名叫“清城桥”，是1941年日本指令朝鲜当局和伪满洲国共同建造的，1942年完工，1951年3月29日被美军飞机炸断，它虽然不能称为鸭绿江上最早的桥，但是却可以称为鸭绿江上的最早修建的一座公路桥。据当年参加过抗美援朝战争的老红军讲，1950年10月19日，当时被任命为赴朝志愿军总司令的彭德怀，还有首批赴朝志愿军中毛泽东的儿子毛岸英，就是从这座桥在晚上秘密渡江作战的。毛岸英的妻子刘思奇为了缅怀毛岸英，在断桥附近修建了一所“毛岸英小学”，所以说河口断桥既是一个爱国主义教育基地，又是河口景区观光旅游的一处亮点。

将军的战场——天桥沟抗联遗址

天桥沟有着保存规模最大、最为完整的东北抗日联军遗址，这里最让当地人引以为豪的就是威震敌胆的民族英雄杨靖宇将军在这里组建了东北抗日联军第一军，在重山密林间，时不时地就能发现当年的遗迹。

“抗联小路”是隐藏于天桥沟森林公园内的一条秘密小路，处处留下了杨靖宇将军的足迹，当年东北抗日联军在遭遇危急情况时，就是由此小路安全转移的。进入森林之中，往北上山，山石蹉岈，怪石密布，道道绝壁横亘，除了知情人以外，都以为无路可过。可是，偏偏有两道绝壁中间裂开一道沿东西走向的大缝隙，出现了一条秘密小路，当地人称其为“抗联小路”。天桥沟“抗联小路”与民族英雄杨靖宇将军有着极为密切的联系，这里是战斗撤退的秘道，天然的屏障通往密营旧址。东北抗联在天桥沟地区的保存完整的密营遗址有20多处，都分散于附近的原始森林中。1934年7月，杨靖宇将军率东北抗联第一军军部和第一师官兵在此密营宿营，与日寇展开了长达4年之久的艰苦卓绝的游击战争。

天桥沟的“仙人洞”，是一个贯穿的石洞，高3米，宽2米，长30余米。据辽宁地方党史专家考证，所说的两位“仙人”，并非传说中的“神仙”，而是两位抗联战士。1938年夏，由于叛徒的出卖，密营完全暴露，但是两名抗联战士宁死不降，藏身在这个山洞里居住。尽管他们的行踪非常隐秘，但还是被当地猎人发现了，误以为他们是“神仙”，故称此洞为“仙人洞”。

“双树功”是当地的一个奇景——约10立方米的巨石向下坡探伸3米，形成坠落山谷之势，恰被两棵百年以上的花曲柳死死地拦住了去路。花曲柳与巨石接触点处，树已牢牢包住巨石的边缘，勇敢地托住巨石，免其坠落，表现出极其顽强的生命力和超乎寻常的战斗力，令人叹为观止。在其旁边有一处抗联密营遗址。据记载，当年抗联第一军少年营的小战士们，在这里与敌人交战，参战的15名少年营小战士不幸全部壮烈牺牲。而“双树功”依然表现出茁壮的生命力，象征着不屈的抗联精神。

天桥沟内还存留着抗联军部师部旧址，杨靖宇将军曾多次在这里召开秘密会议，先后取得了双山子大捷、四平街大捷等（战场都在天桥沟山脚下），重创了日军。

抗联枪械库是东北抗日联军第一军第一师存放枪械的地方。在杨靖宇将军的亲自指挥下，东北抗联在辽东地区打了很多胜仗。每次战斗结束后，抗联将士们的首要任务就是收集各种战利品。由于当时环境险恶，武器弹药甚至比生命还重要，抗联将士们缴获的战利品特别是枪械弹药，都要立即搬运到这里，实行集中存放和管理。

2. 抚顺雷锋纪念馆

雷峰纪念馆位于辽宁省抚顺市望花区和平路东段61号，雷锋生前所在部队驻地附近，占地面积99900平方米。始建于1964年，1969年、1992年、2002年先后进行了三次改扩建。50多年来，抚顺市雷锋纪念馆共接待国内外观众4680多万人次，并先后在全国58个城市举办了《雷锋精神永恒》大型展览，产生了重要影响。1990年10月29日，江泽民同志亲临抚顺市雷锋纪念馆视察，并亲笔题写了馆名。抚顺市雷锋纪念馆被中宣部和中央文明委命为“全国百个爱国主义教育示范基地”“全国精神文明建设工作先进单位”，是全国首批重点烈士纪念建筑物保护单位和全国AAAA级旅游景区。

【背景知识1】抚顺雷锋纪念馆建筑背景

抚顺雷锋纪念馆始建于1964年，1965年8月15日雷锋牺牲3周年纪念日竣工开馆。1992年重新改建，1993年3月5日正式开馆。雷锋纪念馆占地5.65万平方米，纪念馆主要建筑物有雷锋纪念碑、雷锋事迹陈列馆、雷锋墓和雷锋塑像。馆内藏有毛泽东、周恩来、刘少奇、朱德、邓小平、江泽民等党和国家领导人为雷锋同志的题词和手迹以及雷锋遗物、照片等文物400多件，真实生动地向人们再现了雷锋平凡伟大的一生，展示了党和国家领导人对学雷锋活动的关心和支持。

雷锋纪念馆的主体部分包括雷锋之路、雷锋纪念碑、雷锋事迹陈列馆。雷锋之路长70米，由22枚枫叶红色花岗岩雕刻的五角星和22块黑色花岗岩雕刻的雷锋日记碑组成，象征着雷锋生前走过的22年人生路。

在雷锋事迹陈列馆和陵园大门的主轴线上，竖立着一座高大的雷锋纪念碑。纪念碑初建于1964年，原为砖结构，绿色大理石贴面。1982年进行改建，新碑由辽宁省建筑设计院设计，占地300多平方米。碑主体高13.4米，全部由花岗岩石构筑。碑正面凹处镌刻着毛泽东同志的“向雷锋同志学习”几个雄浑、潇洒的大字。碑体下部嵌刻一组以雷锋模范事迹为内容的汉白玉浮雕，其中塑造了雷锋刻苦学习、请战、风雨中送老大娘以及和少先队员在一起植树等生动感人的逼真形象。碑体背面上端，刻有“粮食、武器、方向盘”浮雕图案；碑顶正面是用红色花岗岩石雕成的五角星，四周环绕着松枝图案的陶砖；碑四角台基上安装着四组装饰灯具。碑的整体造型庄重严谨、朴素大方，是陵园内主要纪念建筑物之一。

雷锋墓坐落在陵园的东北角。雷锋的棺椁安放在地下一米多深的砖筑椁室里，地上为直径2.5米的葵花状拱顶圆形混凝土墓体。1969年维修扩建，墓体扩为直径5米的半球形混凝土墓。1983年重建改建，新墓由辽宁省建筑设计院设计，占地近400平方米，全部采用花岗岩石结构。墓主体上部为辽宁省法库县产的一整块灰色梯形花岗岩石，重7.5吨，下部为黑色磨光花岗岩基石。墓前有北京建筑艺术雕塑厂用汉白玉精雕的四季花卉花环，斜嵌在黑色的花岗岩方石上。墓后有一座长6米、高2.1米的青岛崂山产的灰褐色花岗岩石制的卧碑，碑正面凹处刻有“雷锋同志之墓”金色大字，由当代全国著名书法家舒同书写。碑的背面，在泰山产的黑花岗岩上，刻有介绍雷锋生平的410字的行书，为书法家周而复所书。墓周围环绕着苍翠的松柏，雷锋同志便安息在苍松翠柏之中。墓前广场上，耸立着一尊雷锋全身塑像，像高5米，基座高3米，这是1971年以沈阳鲁迅美术学院副教授、雕塑家庞乃轩为主，经雕塑系全体教师集体雕塑而成的。雷锋身穿棉军装，手捧《毛泽东选集》，身背冲锋枪，昂首阔步，向前走来。不少国内外观众来馆参观都在雷锋塑像前留影纪念。

雷锋事迹陈列馆展厅高12米，周长52米，呈拱顶圆形，在圆墙上绘有大型壁画，由曲向直，布局结构新颖。陈列内容按雷锋成长史编排，分“苦难的童年”“上学读书”“走上工作岗位”“参军以后”“永生的战士”五部分，系统、翔实地介绍了雷锋平凡而伟大的模范事迹和由一个无依无靠的孤儿成长为共产主义战士的主要历程。其中有一大批图片、实物等资料是新征集的。新展厅二层有大型临时展览，陈列着学雷锋活动展览、雷锋式先进人物展览等。雷锋事迹陈列馆设有序厅、主展厅、影视厅、多功能厅等。展出照片239张，实物115件，文献165件，陈展线长420米，陈展运用了现代陈列理念和高科技手段，生动地展现了雷锋精神。展室内还有党和国家领导人毛泽东、邓小平、江泽民等为雷锋的题词手迹、雷锋遗物、雷锋仿蜡像、组合场景、多媒体音箱和触摸屏等。

3. 抚顺战犯管理所陈列馆

抚顺战犯管理所陈列馆位于抚顺市区北部高尔山下，从1950年7月至1975年3月，这里先后关押过975名日本侵华战犯，我国末代皇帝爱新觉罗·溥仪等71名伪满洲国战犯和354名国民党战犯就是在这里被改造教育成为新人的。1987年10月这座原战犯管理所经过全面修整，复原后作为抚顺战犯管理所陈列馆对国内外开放。

4. 抚顺平顶山惨案遗址纪念馆

平顶山惨案遗址纪念馆位于抚顺市区南约4公里的东洲区平山街南昌路17号，是国内保存最完好的第二次世界大战期间日本帝国主义屠杀中国平民的现场，现为全国重点文物保护单位。

1931年，日本帝国主义发动了“九一八”事变，东北大好河山陷于日军的铁蹄之下。1932年9月15日（农历八月十五中秋节）

夜，“杨柏堡采炭所”等地被途经平顶山村的辽东民众抗日自卫军袭击，日军以平顶山村民没有报告即“通匪”为名，于次日出动守备队和宪兵队包围了平顶山村，将全村三千余名男女老幼驱赶到平顶山下，开始了灭绝人性的大屠杀。日军先用机枪扫射，又用刺刀重挑一遍，甚至挑出孕妇腹中的胎儿。最后为了掩盖罪行，日军用汽油焚尸，放炮崩山，将殉难者的尸骨掩埋于山下，并纵火烧毁了全村八百多间房屋，将平顶山村夷为平地，制造了震惊中外的“平顶山惨案”。

1951年3月，为了纪念在1932年死难的同胞，抚顺市人民政府在惨案旧址建立了“平顶山殉难同胞纪念碑”，1971年建了“平顶山殉难同胞遗骨馆”，馆内陈列有在现场发掘出的殉难同胞遗骨800余具以及部分遗物。

1988年1月31日，国务院将“平顶山惨案”遗址公布为全国重点文物保护单位，将原“平顶山殉难同胞遗骨馆”改称为“平顶山惨案遗址纪念馆”。平顶山惨案遗址纪念馆从1973年正式开放以来，已成为进行爱国主义和革命传统教育的重要场所。

5. 本溪（溪湖）煤铁工业遗址博览园

本溪（溪湖）煤铁工业遗址博览园是辽宁省本溪市溪湖区的红色旅游景区点。包括本钢一铁厂旧址、本钢第二发电厂冷却水塔、大仓喜八郎遗发冢、本溪湖小红楼和大白楼、本溪煤矿中央大斜井、东山张作霖别墅、本溪湖火车站和彩屯煤矿竖井、肉丘坟等共9处不可移动的战争工业遗址。其中，本钢一铁厂旧址中的1号、2号高炉是中国最早的炼铁高炉之一；本钢第二发电厂冷却水塔共3个单体建筑，包括2个冷却水塔、1座办公楼，均为日伪时期建筑；本溪湖小红楼和大白楼原是清末中日合资的本溪商办煤铁公司和伪满洲国本溪湖煤铁公司的办公大楼，和大仓喜八郎遗发冢、肉丘坟一起，是日本帝国主义掠夺本溪煤铁资源的历史见证；本溪煤矿中央大斜井巷道深1500米，各作业区借此相连，厂区内，日伪时期修建和遗留的变电所、小矿车保存完好；东山张作霖别墅共2座房屋，均建造于1927年，最初拟作别墅，建成不久张作霖去世，1946年，东北大学（今东北师范大学）利用该楼作为校址，培养了一批革命青年；本溪湖火车站位于溪湖区河东街道办事处站前社区，始建于1904年，包括仓库和2个站台；彩屯煤矿竖井始建于1938年2月，曾被当时的日本人称为“东洋第一大竖井”，新中国成立后，经过重建，1954年12月正式投产，年产原煤200万吨左右，彩屯煤矿竖井分为地上和地下两个部分，建筑东西长20米，南北宽10米，高60米；肉丘坟，1942年为纪念本溪煤矿瓦斯爆炸死难劳工而建。

【补充阅读8】本溪（溪湖）煤铁工业遗址博览园的内涵

本钢一铁厂旧址厂址：本钢一铁厂旧址厂址坐落于本溪市溪湖区河沿街，东邻太子河，西邻本溪煤矿，总占地面积44万平方米，距沈丹铁路溪湖站0.5公里。

本钢第二发电厂冷却水塔：本钢第二发电厂冷却水塔位于本钢一铁厂旧址南，两处不可移动文物之间横亘一条山梁。

大仓喜八郎遗发冢：大仓喜八郎遗发冢位于本溪市溪湖区河东街道办事处站前社区城中山顶，周围生长着茂密的植被，西面山脚下为站前社区居民住宅。

本溪湖小红楼和大白楼：本溪湖小红楼和大白楼位于溪湖区河西街道办事处河西社区，距本溪湖火车站西南200米处。

本溪煤矿中央大斜井：本溪煤矿中央大斜井位于本溪市溪湖区河西街道办事处河西社区茨沟南面较为平缓的上坡上。

东山张作霖别墅：东山张作霖别墅位于本溪市溪湖区河东街道办事处铁工社区石灰石矿南，现为本钢石灰石矿办公楼，坐落在山坳里，坐北朝南。东、北两侧为石灰石矿开采区，南为大片住宅楼。

本溪湖火车站：本溪湖火车站东面1500米为东山，南约500米为南山，西约800米处为西山，北约300米处为城中山。本溪湖火车站周围为居民区，东侧为弘城公寓，南为一机修车间，西为本溪煤矿，北为溪湖区政府。

彩屯煤矿竖井：彩屯煤矿竖井位于本溪市溪湖区竖井街道办事处高山社区阜新矿业集团彩屯煤矿厂区内，竖井四周皆为居民住宅环绕，东、北两面皆为公路。

肉丘坟：肉丘坟位于本溪市溪湖区仕仁街，1961年公布为市级保护单位和爱国主义教育基地。坟和碑占地60平方米。

本溪（溪湖）煤铁工业遗址博览园与本溪烈士纪念馆、万人坑纪念地、平顶山等红色旅游景点形成了一条市区红色旅游线路，是本溪市重要的爱国主义教育基地。

【背景知识2】肉丘坟

1942年6月，在日本侵略者统治下的本溪煤矿发生了一起震惊世界的历史惨案——瓦斯大爆炸，它是世界采煤史上最大的一次瓦斯爆炸案，有1662名矿工在这次惨案中丧生。“肉丘坟”又叫万人坑，它是埋葬在这次惨案中死难矿工的坟墓，是用1662名死难矿工的尸体堆起来的，这是日本侵略者罪行的见证。

6. 南芬万人坑纪念地

南芬万人坑纪念地遗址原位于本钢南芬露天铁矿，旧称南芬庙儿沟铁矿，1949年改称为南芬铁矿，是我国年产矿石量最高的矿山。1989年7月1日，本溪市人民政府将南芬万人坑列为市级文物保护单位，成为对青少年进行爱国主义教育的重要场所。2009年被团省委命名为辽宁省青少年爱国主义教育基地和国防教育基地。2010年4月，被命名为辽宁省级爱国主义教育示范基地。

【背景知识3】南芬万人坑纪念地的历史

光绪三十一年（1905年），日本财阀大仓喜八郎乘日俄战争爆发之际，开始非法掠夺本溪地区矿产资源。“九一八”事变后，其独占本溪钢铁公司，将我被俘人员、关内劳工和农民驱至庙儿沟矿山，惨绝人寰的劳动强度致使大批矿工为此命丧黄泉，至日本战败投降，被遗弃的尸骨已达17800多具，“万人坑”因此而得名。为纪念死难同胞，有关部门曾分别于1966年和1996年两次将遗骨建堂并立碑祭奉，其中，第二次立碑名为“万人坑纪念碑”，由于其具有特殊的历史意义被本溪市列为首批市级爱国主义教育基地。

7. 本溪平顶山

本溪平顶山原名“青云山”“平定山”，海拔高度657米（一说661.2米），占地面积17平方公里，是一座美丽的“城中之山”。

早在3000多年前，平顶山就有古人类在此繁衍生息。传说唐朝红袍督盖苏文之妹驻山修筑营盘，开凿“七口水井”，到2012年只保留四口，至今仍出水的唐朝古井就是平顶山兵家必争之地的最早记录，验证了平顶山“兵山”之说。山顶的元代古城墙遗址向人们述说着从前的金戈铁马，见证着历史的兴衰和演变；收集有诰封碑、墓碑、寺庙碑等四十余块的碑林，向人们展示着辽东上千年文化底蕴和近百年城市的文化积淀；清朝的日俄战争和解放战争时期残留的军事碉堡、坑道、掩体等，更是成为平顶山战役及解放本溪战争的直接历史见证。

8. 东北抗联史实陈列馆

东北抗联史实陈列馆地处本溪满族自治县小市镇滨河东岸，是国家级爱国主义教育示范基地。2005年7月开工，2007年5月建成开馆，占地面积6.9公顷，建筑面积5040平方米，其中陈列面积3000平方米。现已征集照片、史料、实物1000余件。陈列布展以“林海雪原，抗联英雄”为主题。

东北抗联全称为东北抗日联军，是中国共产党创建并领导的抗日队伍，它的前身是东北抗日义勇军余部、东北反日游击队和东北人民革命军，经历了由初始的“抗日游击队”和后来的“人民革命军”到东北抗日联军的逐步发展过程，并经历了对“义勇军”等民间抗日武装的改造。东北抗日联军共有11个军，人数最多时有4万多人。在日本侵略者的大后方，他们14年的艰苦斗争牵制了数十万日伪正规军，有力地支援了全国的抗日战争。

陈列内容共分四个部分：第一部分为抗联概况，包括抗联情况综述、历史背景介绍、组织建制系统、重点活动区域等；第二部分为抗联斗争史实，包括东北及辽宁抗日烽火、各地主要义勇军兴起、抗日统一战线形成、抗联主要战役等；第三部分为抗联英烈形象展馆，包括抗联在东北特别是辽宁地区的主要将领、知名人物画像、塑像、蜡像等；第四部分为纪念性展厅，主要是国家领导人题词题字、知名书画、抗联遗址纪念碑、东北抗联书籍、影视作品及纪念活动等。展厅内的抗联密营复原场景气势宏大，人物形象逼真，是国内陈列馆中再现东北抗联密营场面规模最大的一个场景。

珍贵藏品包括：靖宇马刀——杨靖宇将军当年在“外三堡”（本溪、桓仁、新宾三县交界处）一带活动时，指挥马队作战时使用过的马刀；神龟砚台——“九一八”事变后周保中来到东北后使用过的砚台，龟盖内侧刻有“九一八，33年保中留念”字样；四川币——1931年周保中被派到北满省委工作，此币为周保中到哈尔滨与罗登贤接头时的信物。

馆区依山傍水，环境优美，交通便利，是连接本溪水洞—关门山—铁刹山—五女山黄金旅游热线的红色纽带，是汇集辽东红色旅游与风光旅游的理想境地。

9. 辽东解放烈士纪念塔

辽东解放烈士纪念塔巍巍屹立在丹东锦江山公园的中心，为秀美的锦江山增添了庄严的气氛。它以独特的选型、鲜明的特色，成为革命先烈为解放辽东而英勇献身的历史见证。纪念塔始建于1949年10月，由中共辽东省委省政府、辽东省军区共同为纪念解放辽东地区牺牲的英烈而建。纪念塔占地面积283平方米，高12.6米，由银白色花岗岩石砌成。塔身上立一尊高2.08米、重1吨的解放军战士持枪铜铸全身塑像，正面镌刻着“为解放辽东人民而牺牲的烈士纪念塔”的立体鎏金题字，两侧镶嵌“为解放辽东人民而牺牲的烈士千古！”和“全市人民将永念你们的伟绩，以英勇而勤劳的工作建设新安东”的黄铜题字。1962年，纪念塔被列为省级重点文物保护单位。1995年初，被市委、市政府授予爱国主义教育基地。

10. 花脖山森林公园

花脖山森林公园位于丹东市宽甸满族自治县牛毛坞镇的泉山林场。花脖山属长白山系龙岗支脉花脖山山脉的核心和精华部位，平均海拔800米，最高峰海拔1336.1米，是辽宁省内最高峰，号称“辽宁屋脊”。

花脖山风景区有五大奇观，在辽东山区实属罕见。一是山高，这里有辽宁最高峰，站在峰顶可以观云海、日出、晚霞，鸟瞰“三县一国”，即宽甸满族自治县、本溪满族自治县、桓仁满族自治县以及朝鲜民主主义人民共和国。二是森林垂直分布十分明显。三是高山草甸和高山花园，在东北只有长白山上还存在。四是淌石流，又叫石瀑，这是一个不解之谜。五是这里是南满抗日根据地的遗址和朝鲜领袖金日成当年在中国组织朝鲜人民抗战时与杨靖宇将军分手的纪念地。

11. 辽宁省荣军事迹展览馆

辽宁省荣军事迹展览馆位于丹东市振安区五龙背镇，毗邻风景秀美的五龙山国家AAAA级风景区，占地2600多平方米。展览馆分为陈列馆和报告厅两部分，展出荣军事迹史料250余份，老革命残疾军人战争年代实物80多件，各类荣誉奖章100多枚，信件手迹1000多封，锦旗100多面，珍贵照片500多张，荣军事迹报告纪实录像带80多本。其中，以残疾军人身残志坚感人事迹为主要内容的电视纪实片《残阳如血》，先后在省和中央电视台播放，产生了广泛的反响和良好的教育效果。辽宁省荣军事迹展览馆是省级爱国主义教育示范基地。

12. 大鹿岛甲午海战古战场

大鹿岛甲午海战古战场位于东港市孤山镇大鹿岛西南海域。1894年9月17日，震惊中外的中日甲午海战发生于此，“致远”舰管带邓世昌及北洋水师800多名将士为国捐躯，岛上竖有威武壮烈的邓世昌全身塑像和墓地。古战场所在地大鹿岛位于我国万里海疆最东端，矗立于烟波浩渺的黄海北域，史海沟沉积淀厚重，有明末总兵毛文龙抗击后金的铭志碑文和英国人1923年修建的航海灯塔。岛上青山碧透，海水湛蓝，滩头拾贝，临礁垂钓，晨观日出，夜伴听涛，是国家AAA级景区，是省级爱国主义教育示范基地。

13. 抗美援朝烈士陵园

抗美援朝烈士陵园坐落在风景秀丽的丹东市锦江山北麓。始建于1951年5月，重修于1971年10月，是中国人民志愿军最早的烈士陵园，264位抗美援朝烈士安葬于此。陵园占地面积1.4万平方米，由烈士纪念碑、烈士墓群和展览室组成，2个展览室展出18位英烈事迹。1993年7月，时任中共中央政治局常委、书记处书记胡锦涛，全国人大副委员长陈慕华，国务委员、中央军委委员迟浩田，全国政协副主席、原志愿军副司令洪学智等党和国家领导人曾到此祭奠抗美援朝英烈。这是“褒扬烈士，教育后人”的生动课堂，被命名为省级爱国主义教育示范基地、省级烈士纪念建筑物保护单位。

14. 鸭绿江断桥

鸭绿江断桥坐落在中朝界河鸭绿江上，是鸭绿江第一座大桥。由当时的殖民机构——日本驻朝鲜总督府铁道局——承建，1911年10月建成通车，已有百年历史。桥长944.2米，宽11米，共12孔，始为铁路桥，后改为公路桥。抗美援朝战争爆发后，被美军飞机炸断，中方一侧所剩四孔残桥保留至今，称为“断桥”，成为抗美援朝战争胜利的历史见证。原中央军委副主席迟浩田将军为断桥题写“鸭绿江断桥”桥名。断桥现有原桥旋转装置，现存原桥旋转及炸断处观赏台、炮楼各一处，桥史话展板30块。鸭绿江断桥是全国爱国主义教育示范基地、国家重点文物保护单位和国家AAAA级风景名胜区、红色旅游经典景区。

15. 李兆麟故居

李兆麟故居位于辽阳市灯塔铧子镇后屯村，1997年8月1日由灯塔市武装部、共青团、妇联、教委倡议，各界人士捐资21万元修复。占地1.5亩，隶属于铧子镇政府管理，有专人看护。故居有正房三间和东西两厢房，室内陈列着李兆麟将军的遗物和图片，生动记述了将军生前事迹，已成为辽阳市进行爱国主义教育和国防教育的重要场所。

16. 辽沈战役景区

辽沈战役景区是由抚顺盛丰旅游影视创新有限公司投资建设

的，是2012年抚顺在香港招商引资的重点项目。辽沈战役景区的开发实现了红色旅游从静态走向动态、参观走向参与体验型景区，使全国的红色旅游推向崭新的局面，让游客们可以亲身观看体验，融入历史，感受那段从未体验过的、当年硝烟弥漫的战争场面，产生震撼的效果。景区于2014年对外开放，是以大型实景演出为主体，配套大型停车场、餐饮、购物、娱乐、休闲等功能为一体的综合性旅游景区。

辽沈战役景区特邀电视连续剧《亮剑》导演张前倾力打造，用现实的艺术手法展现1948年辽沈战役的恢宏场面，结合当地的历史和文化，还原当年的战争场面，利用600多人的演出阵容，真枪真人演艺，使用军用吉普、大炮、坦克等，每场表演使用2000多发子弹、200多发炮弹，将史诗般的辽沈战役战争场面重新展现，给观众强烈的视觉和听觉冲击，让他们仿佛又回到了当年硝烟弥漫的战争场面中去。游客们还可以穿上军装，拿起钢枪参与进去进行战斗，在欢庆胜利时，游客也可以加入欢庆胜利的队伍中来，和着节奏扭起大秧歌唱起歌，找回那久违的革命激情。而张前导演的高超的艺术水准，让辽沈战役战争场面惊心动魄、粗犷豪放的腰鼓、气势宏大的踩高跷、热情如火的大秧歌、高亢嘹亮的东北民歌，凝结成一场扣人心弦的艺术盛宴。

辽沈战役景区项目包括为游客设有观赏型的二人转小舞台、音乐吧、军事展览、辽沈战役图片展，体验型浑水摸鱼、军事训练场、趣味滑道等娱乐设施和农家院及特色餐厅。丰富了游客来景区的游玩时间，感受景区与之不同的风味，军事展区陈设各类军事武器，该展区将申请爱国主义教育基地和国防知识普及教育基地。目的是为了让游客了解军事战斗历史和激发爱国热情，加强民族凝聚力，该基地在教育上有着深远的意义。

第三节　辽东地域的特色旅游

辽东地域的特色旅游主要包括乡村旅游、工业旅游和现代主题公园。

一、乡村旅游

辽东地域的乡村旅游拥有两个全国休闲农业与乡村旅游示范

点，分别是凤城大梨树生态农业观光旅游区和宽甸河口村。此外，还有若干个具有区域影响力的乡村旅游资源点缀其中。

1. 凤城大梨树生态农业观光旅游区

大梨树国家AAAA级旅游景区位于辽宁省凤城市西南郊10公里处，距丹阜高速公路凤城出口5公里，是全国首批农业旅游示范点、全国休闲农业与乡村旅游示范点、中国美丽乡村。

景区由休闲农业体验区、民族村落观光区、旅游综合服务区三大功能区组成。

休闲农业体验区紧紧依托2.6万亩花果山，几百万株果树，精心打造出闻名省内外的赏花摘果体验游，每年四月到十月，是辽宁省跨时最长、品种最多、参与性最好的休闲农业游目的地。花果山上，干字文化广场宏伟壮观，辽宁省爱国主义教育基地——大梨树村史馆——是辽宁省规模最大的村史馆。药王谷供奉着十三位神医药圣，可谓“一步一景，一步一重天”，流传着许多美丽的故事与传说。特别是阴、阳泉水，一凉一热，号称一绝。

民族村落观光区紧紧依托大梨树河两岸的满族村落，建设成北方水乡，被国家民委命名为首批“中国少数民族特色村寨”。徜徉在复原清末民初县城的影视城中，体验影视剧拍摄，过一把明星瘾！在知青城中，看一场老电影，吃一顿忆苦思甜饭，进行一场劳作体验等，大梨树知青节已经成为影响全国的怀旧节日。民俗文化体验馆有剪纸、蛋雕、蜡染、陶艺、民俗绘画、意向绘画等7个门类，由经验丰富的艺术家现场指导，完成自己喜爱的作品。

旅游综合服务区拥有“中国三星级饭店”庄稼院酒店、“省三星农家乐”青年点饭店，可以品尝满族特色食品、农家食品，欣赏知青艺术团特色演出，举行篝火晚会，尽享乡村休闲度假的惬意。这里有高、中、低档的客房和火炕随时恭候游客的光临，日可接待2万人游览，500人开会，500人住宿，3000人就餐。

【补充阅读9】追忆大梨树村党支部书记——毛丰美

毛丰美，男，满族，1949年5月出生，辽宁省凤城市人，1977年2月加入中国共产党，1980年至1992年先后担任凤城市大梨树大队大队长、村委会主任、村党支部书记；1992年至2014年担任大梨树村党委书记、村委会主任、村实业公司总经理。第八、九、十、十一、十二届全国人大代表。2014年9月26日因病去世，终年65岁。

毛丰美同志是优秀基层干部的代表，是广大党员学习的榜样。毛丰美坚信“党的政策里就有好日子”，把党和政府的强农惠民的好政策变成了强村富民的具体实践。他带领大梨树村党员群众发扬“干”字精神，开荒山、种果树、搞乡村旅游，进城开旅店、建市场、办企业，走出一条农、工、商、贸、旅一体化的发展路子，使大梨树人过上了“和城里人一样的好日子”。毛丰美爱民至深、为民至诚，始终把群众装在心上，事事想着群众，赢得群众的真心拥护。谁家遇到困难，他都是及时伸出援手。凡是找他解决问题的群众，不管是本村的还是外地的，他都管到底，“小康路上不让一个人掉队”。毛丰美淡泊名利、严以律己，村里过往的数亿元资金从未经手过一笔，父母去世、儿女嫁娶没收过村民一份礼，从不利用手中的权力为自己和亲属谋取好处，始终保持共产党人的政治本色。

为表彰先进、弘扬正气，激励广大党员干部胸怀理想、坚定信念，开拓进取、求真务实，牢记宗旨、为民奉献，充分发挥先锋模范作用和骨干带头作用，经中央领导同志同意，中央组织部决定，追授毛丰美同志“全国优秀共产党员”称号。

2. 宽甸河口村

2015年1月15日，宽甸河口村以其独具特色的旅游产品项目、丰富的旅游资源被认定为全国休闲农业与乡村旅游示范点，成为丹东地区继凤城大梨树生态农业观光旅游区之后第二个迈入全国休闲农业与乡村旅游示范点行列的单位。

多年来，河口村从当地的农业发展实际出发，大力发展以观光、采摘、休闲为主的休闲农业与乡村旅游，坚持现代经营模式，在规范管理上下功夫。目前，已经形成了吃、住、行、游等休闲旅游要素齐全、旅游项目品牌化、经营产品特色化的经营格局。据悉，2012年，河口村共接待游客36万人次，上缴利税435万元，从业农民人均收入达1.8万元，休闲农业与乡村旅游已经成为当地的主导产业。

位于宽甸河口村的长河岛朝鲜民俗村是位于中朝界河上一处四面环水、景色秀美的旅游度假村。全岛绿色覆盖率达60%以上，四栋歌德式仿欧别墅，独具特色的朝鲜民俗村等20余处景点，把昔日荒无人烟的小岛装扮成了集自然景观和人文景观于一体的旅游度假胜地。长河岛上独具特色的满族、朝鲜族风味佳肴更是令游客赞不绝口，回味无穷。

宽甸与朝鲜民主主义人民共和国一衣带水、隔江相望，60多年前，一曲“雄赳赳、气昂昂，跨过鸭绿江”曾激励了无数英雄儿女为保家卫国，与朝鲜人民并肩作战。在抗美援朝战争中，河口断桥是战争的最前哨，彭德怀元帅率领的志愿军前线指挥部及毛泽东的长子毛岸英都是从这里赴朝作战的。河口断桥原名青城桥，是鸭绿江上连接中朝两岸最早的一座公路桥，全桥总长709.12米，桥高25米，桥面宽6米。设22座桥墩。1951年3月29日，美军出动了6批次30余驾飞机对青城桥轮番轰炸，形成了今日的河口断桥。河口断桥是当年志愿军三大渡江地之一，它记载着抗美援朝战争中彭德怀、毛岸英等志愿军将士的丰功伟绩，是红色旅游线上的重要景点。

龙泉山庄是电视剧《刘老根》第一部的拍摄地，赵本山在这里把美丽的自然风光和浓郁的乡土人情充分展示给观众。这里青山环抱，景色宜人，置身于此，游客不但可以体会到剧中的人物情节，还可以利用剧中的道具摄影留念，体验电视剧《刘老根》文化带来的无穷乐趣。

鸭绿江是唯一不以主航道划分界限的国际河流，在河口景区乘船游览鸭绿江，可以饱览中朝两国风光，品味异国风情。

在河口景区游客还可以品尝最具特色的江水炖江鱼，以“鲢、鲶、鲫、鲤”为代表的鸭绿江鱼宴会送给游客“连年吉利”的真挚祝福。

另外，宽甸河口村的桃花园，每到春季四五月份的时节，万亩桃花竞相开放，吸引了无数游人。近年来，已成功举办多届宽甸河口桃花节，成为景区一张新的名片。

3. 瓦子沟农家风情旅游区

瓦子沟农家风情旅游区创建于2001年5月，由辽阳市人民政府计划经济委员会批准建立。旅游区地处弓长岭区西南，汤河水库中游，距市区30公里，占地面积10平方公里。瓦子沟农家风情旅游区由果园观赏采摘区、农家小院食宿区、水库观光垂钓区和民俗风情园区四个部分组成，有鹰嘴砬、玄武洞、城墙砬、水库等自然景观和天池、蓄水池、拦河坝、休闲广场、果园、农家院等人文景观供游人游览。

二、工业旅游

新中国成立初期，辽宁被称为“共和国长子”“共和国工业的摇篮”。在辽东，拥有以本溪、抚顺为代表的重工业城市，形成了诸如本溪（溪湖）煤铁工业遗址博览园和抚顺煤矿博物馆等工业旅游资源。

抚顺煤矿博物馆是全国工业旅游示范点，坐落于毛泽东主席等党和国家领导人视察过的抚顺西露天矿参观台原址。博物馆景区分为抚顺煤矿博物馆、露天矿大型设备陈列广场、大型毛泽东塑像、西露天矿矿坑几大部分。其中抚顺煤矿博物馆主体建筑面积6630平方米，突出百年、煤都、领袖、独有、珍贵、领先六大特色，整个展馆分为物华天宝、百年回眸、熔铸辉煌、亲切关怀、矿山脊梁、美好未来、乌金墨玉、煤海之珠八大部分。从自然、历史、人文等方面介绍了煤、抚顺煤矿的衍生过程，抚顺煤矿整整百年起伏跌宕、化蛹成蝶的难忘岁月和新世纪以来抚矿集团的恢宏进程，以及与百年煤矿相伴的深挚的领袖风采、和谐的家园风貌。

不仅如此，作为一座现代化的展陈场馆，抚顺煤矿博物馆在分别运用诸如3D电影、实景再现的基础上，还特别引进了幻影成像技术、悬浮立体成像技术等，从而更加丰富了参观者的视觉和听觉内容，让人们在体会多重享受的同时，实现了对一段历史的重温和追想。记录了抚顺矿业在新的历史机遇中跨越发展的步伐，全景化展现了抚顺矿业未来的发展韬略和美好蓝图。

在参观过程中，游客不仅能够详细了解抚顺煤矿的煤质、抚顺独有的煤炭衍生物质及开采工艺，还能在“乌金墨玉”“煤海之珠”两大展厅里观看弥足珍贵的煤精雕刻品和琥珀精品，那遍布其间的动人的历史光泽，几乎每一次闪烁都会让人产生无限的遐想和惊叹。此外，在陈列广场还可以看到抚顺煤矿百年开采所用的各种开采及运输设备，俨然一部百年矿山设备发展史。游客在瞭望塔上还能饱览亚洲第一大露天煤矿的神奇景观，观看日常开采煤炭的真实场景。

三、现代主题公园

辽东地域最具代表性的现代主题公园当属位于抚顺的，集科普教育、文化休闲、旅游度假、运动健身、温泉养生等于一体的抚顺规模最大的旅游综合体——热高乐园。

热高乐园由巴厘岛水世界、梦幻世界及城堡度假酒店三大主题文化板块组成，以世界各地的著名传说故事为主题，以“动感、奇妙、梦幻”为游乐个性，以科幻、恐怖、神话、冒险、卡通、戏水为设计元素，打造科学技术一流的休闲度假胜地。新型互动骑乘、空中展演特技以及奇幻的水世界无不折射着科学的魅力。孩子们可以走进妙趣横生的开心学园，探索隐藏在书本中的诸多奥秘；年轻人可以乐享劲爆嘉年华，释放城市生活的精神重压；长者们可以追溯人类数千年的文明发展史，感受世界各国的人文魅力。热高乐园将汇聚全世界的欢乐，倾力打造合家共游的度假胜地，这里将成为每一个人的梦幻世界。

热高乐园颠覆了以往传统乐园的经营模式，创造性地将观赏与体验、建筑与科技、文化与游玩相结合，注重与游客的情感沟通和娱乐互动，是一个融体验游玩、互动表演、特色人文、景观观摩、世界美食、主题购物、星级酒店于一体的旅游佳地。

第七章　辽东地域的特色文化

辽东地域山清水秀，人杰地灵，蕴含着丰富的特色文化。

第一节　辽东地域的土特产品

辽东地域的土特产品包含林中特产、海珍品、名酒与饮料、特色美食。

一、山珍海味

辽东地域山清水秀，森林覆盖率高，蕴藏着丰富的林中特产和各种海味。

1. 人　参

人参，又名“人葠”，俗称“棒槌”，属五加科多年生草本植物，为驰名中外的珍贵药材，被人们称为“百草之王”，是闻名遐迩的“东北三宝”（人参、貂皮、鹿茸角）之一。由于人参根部肥大，形若纺锤，常有分叉，全貌颇似人的头、手、足和四肢，故而得名。

在我国医药史上，使用人参的历史十分久远。早在战国时代，良医扁鹊对人参的药性和疗效已有了解；秦汉时代的《神农本草经》将其列为药中上品；汉代名医张仲景的《伤寒杂病论》中共有113方，用人参者多达21方；相传明代李时珍之父李言闻曾有《月池人参传》专著。

人参分为山参和园参两大类，野生的称为“山参”，多生长于阔叶林与针叶林混生的人迹罕至的原始森林中。其性喜阳，需在疏散的阳光和腐殖质深厚、通气良好的土壤中生长。其生长非常缓慢，一两重的山参要长四五十年甚至上百年，由于人们对其需求日益增加，因此，野生人参日趋减少，寻采起来也就更加困难。

园参，即人工栽培的人参，也称“家参”。它与山参在颜色、形体等方面均很相似，但味苦并带有辣气，山参虽味亦苦却有清香之气味。辽宁的家参栽培，主要在东部山区的桓仁、新宾、清原、本溪、宽甸和凤城等地。其中，以桓仁产量最多，面积也居全国的前列，已被国家定为药材生产基地。宽甸下露河乡石柱子村的“石柱参”和桓仁的“白人参”为辽宁特产，全国少见，十分名贵。

据理化分析，人参中含有人参皂甙、人参宁、挥发油、人参酸、甾醇等多种成分和许多有机物、无机物及维生素等，有其他药品所不能比拟的特殊药用价值和疗效。它能补血养气、固津生液、调节神经、开心明目、益智安神、降压健胃等，尤其对于治疗久病衰弱者非常有效。

【补充阅读1】石柱参

石柱参也称柱参，是我国人参中的优良品种。石柱参原产于辽宁省宽甸满族自治县振江乡石柱子村，因此得名。该村位于鸭绿江北岸，属于长白山余脉，山多水多、山高林密、湿度较大，是盛产山参的地方。

石柱参源于野山参品系，至今已有300多年的栽培历史。独特的栽培方式和特定的气候条件，采大自然之灵气长成，使其具有野生人参的基本形体和特性。经过世代相传，参农积累了一套栽培石柱参的绝技，培育出的上品石柱参可以和野山参媲美，石柱参因此博得了我国“园参之冠”“赛山参”之美誉。

石柱参因其具有芦长、体灵、皮老纹深、皮条须、须根上生有较多的珍珠疙瘩、体形酷似野山参等优点而驰名中外，体形千姿百态，深受用户欢迎。

2. 鹿　茸

鹿茸为鹿科动物梅花鹿或马鹿尚未骨化的幼角，亦为“东北三宝”之一。

鹿为偶蹄目鹿科动物，其性温顺，喜食树叶、豆类叶，特别喜食柞树叶。雄鹿出生两年后，始在头上生出嫩角，角上带有茸毛，故称鹿茸；至秋后渐老而变为坚硬的角质，称鹿角。越冬至来年春，角即脱落，叫脱角，角脱落后重生新茸。

鹿茸因生长时间长短，其茸的枝叉数目和质量老嫩不同，分别称之为锥角、磨脐、茄包、鞍子、二杠、挂角、户子、三叉等不同名号。

取鹿茸分为锯茸和砍茸两种。锯茸是从活鹿头花盘以上处将茸锯下，一般只锯二杠、挂角、三叉三种，经济效益较高；砍茸是在长到三叉时将鹿头割下，加工制成，因损失大今多不用。

鹿茸也是一种贵重的中药。其性温味甘咸，含有丰富的蛋白质、维生素、荷尔蒙、磷、钙、镁等营养物质，为重要高级补品，具有补肾生精、养血益阳、强筋壮骨等作用，可制成参茸大补丸、斑龙丸、鹿茸酒和鹿茸精等中成药，深受人们的青睐。

3. 五味子

五味子是木兰科、落叶木质藤本植物，有细长的花梗，花瓣为白色，茎和叶具有清香的气味；浆果为球形，果实酸甜。我国约有18种，辽宁省所产的野生五味子分布广、产量大、质量好，素有“辽五味”之称。

五味子适应性强，喜肥、喜湿、喜光，野生五味子多缠绕在其他树木之上。五味子的鲜果肉可酿酒，提炼五味子素。近年来，五味子又用于高级饮料的行业中，以营养健身的疗效、酸甜可口的饮料的双重价值，备受人们的喜爱。

【补充阅读2】大梨树土特产展示中心

丹东凤城大梨树生态农业观光旅游区是全国休闲农业与乡村旅游示范点。在大梨树土特产展示中心，能够看到大梨树当地特产：五味子、刺五加、蓝莓系列，榛子、松子、板栗、野生食用菌等土特产品以及凤城老窖酒、林蛙油。

五味子是大梨树的特产，具有安神补脑、促进新陈代谢、增加体内免疫力的效果；而山葡萄酒对人体抗衰老方面有很强的功效，经常饮用可以防治心脑血管疾病的发生。在大梨树土特产展示中心有两个大酒坛，分别盛有精选五味子长廊中的山葡萄和五味子酿制而成的山葡萄酒和五味子酒，游客可以免费品尝。

大梨树的山核桃、榛子、松子、板栗等土特产品，都是健脑益智、美容养颜的干果类滋补品。而利用绿色水果加工而成的罐头、饮料、果酱更是馈赠亲朋好友的首选礼品。

刺五加系列产品种类丰富，例如五加果、五加饮料、五加茶及五加干品等，具有抗衰老、抗疲劳（刺五加甙的抗疲劳作用比人参还强）、抗癌的功效，还有增强免疫功能，增加血流量，改善心、脑的供血状态，调整血压的作用。刺五加自古即被视为具有添精补髓及抗衰老作用的良药。

4. 辽细辛

细辛为马兜玲科细辛属的多年生草本植物，因其根细味辛而得名，为辽宁省的特产药材，故又称辽细辛。因为它的根形似人参，花形似烟袋锅，又有“烟袋锅花”的别名。辽细辛主要分布在本溪、凤城、宽甸、新宾、桓仁、清原、抚顺、岫岩和海城。

细辛喜阳，多见于密集的灌木丛间、山沟、谷底稍潮湿处及林缘岩阴湿地。其叶为三角状心形，花为红紫色，蒴果为半球形，地下根茎呈黄白色。其生长周期长，从种子落地到长成需要六年以上。夏至过后为其采收季节，带根全草入药。为解热、驱风、发汗、祛痰、镇痛之良药，用于抑菌和局部麻醉，效果亦佳。《神农本草经》将它列为上品。

5. 林　蛙

林蛙是典型的两栖动物，夏季栖息于阔叶林和针阔叶混交林中，一般都栖居半山腰，很少到山顶。它栖居的坡向随季节的不同而异，春季喜居阳坡，盛夏转移到阴坡。不喜欢在沟谷处溪流水边，主要栖息于越冬场所附近的山林里。主要分布于东北三省，我省东部山区所产中国林蛙数量多、质量好，清原、新宾、桓仁均有分布，新宾是我国著名的“林蛙之乡”。

中国林蛙统称哈士蟆，其雌蛙的干燥脂肪统称蛤蟆油，是高级营养品。主要含有蛋白质，脂肪仅占4%左右，糖占10%，此外还含有硫、磷等元素及维生素A、B、C和多种激素。林蛙油含有锌、钼、硒等增智抗癌微量元素，具有清脑明目、润肺益肝、滋阴生津、补肾健胃等功效。对患有精血不足、气虚体弱、肺痨咳嗽、神经衰弱、记忆衰退、肝脾疾病症等都有显著疗效，特别具有延年益寿的功效。林蛙油的突出特点是低脂肪、高蛋白，是蛋白质的良好补充品，这是一般植物药材所不具备的优点。蛤蟆油还可以制成高级糖果。

林蛙不仅是高级营养药物，又是人们食用的美食家肴。它肉质细嫩、味道鲜美，营养价值高。人工养殖成本低，具有广阔的开发前景。

【补充阅读3】丹东特产——林蛙油

史书载，林蛙油性味甘平，具有滋阴补肾、润肺生津、传神名目、健胃益肝等功效，对延缓衰老、提高人体免疫力、调节女性内分泌、改善更年期症状的作用明显，故清朝便作为贡品进贡朝廷。

丹东宽甸满族自治县地处长白山余脉，这里山深林密，天然林比重大，生态环保，是林蛙生息的最佳区域，更因小气候原因，宽甸林蛙山上吸食活动时间长，冬眠时间短，其林蛙油的品质要远远好于其他地区。林蛙是一种集食用和药用为一体的两栖类野生动物，与人参、貂皮、鹿茸并称为东北四大山珍。林蛙油具有极高的营养价值和药用价值，是滋补名品和美容养颜的佳品。

6. 柞　蚕

柞蚕是一种绢丝昆虫，起源于中国，这一名称的最早记载，见于晋人郭义恭撰的《广志》，该书记有“柞蚕，食柞叶，可以作绵”，可见柞蚕是因以柞树叶为饲料而得名的。

蚕分为两类，一类是桑蚕，也叫家蚕，室内喂养，分布于长江以南；另一类是柞蚕，也叫山蚕，在山中柞树林中放养，分布于辽宁的凤城、西丰、庄河和桓仁。柞蚕原产于我国，有2000多年的生产历史。辽宁柞蚕的生产始于北宋末年，至19世纪末超过原产地山东而跃居全国首位。丹东市是我国最大的丝绸工业基地，素有“丝绸之城”的美誉。

历来柞蚕以养蚕—缫丝—织绸为传统产业。近年来，随着各种合成纤维的出现，这种格局有了新的发展。柞蚕的用途更加广泛。柞蚕丝绸穿在身上，戴在头上，进而变成食品、保健品、化妆品，可以说更加贴近人类的身体健康。

7. 丹东板栗

板栗是我国的特产，素有“干果之王”的美誉，果实中糖和淀粉的含量高达70%。板栗不仅是食物，也是一味中药。中医认为，板栗可以养胃健脾，壮腰补肾，活血止血，是做药膳的上等原料。比如，板栗红烧童子鸡，就具有滋补的功效，尤其适用于消化不良、咳嗽气喘的人。食用栗子和粳米煮成的栗子粥，既能增进食欲，又能补肾、强壮筋骨，非常适合老年人。不过，栗子虽然好吃却不宜多吃。板栗生吃难以消化，熟食又容易滞气，所以，一次吃得太多反而会伤脾胃。

丹东板栗产于辽宁省丹东市，栽培始于明末清初。果称栗子，可生食、糖炒、烘食，还可制罐头、磨粉制糕、调羹烹菜。含有糖、蛋白质、脂肪和多种维生素，营养和经济价值很高。2006年12月，国家质检总局批准对丹东板栗实施地理标志产品保护。

8. 刺嫩芽

刺嫩芽喜生长在沟谷、阳坡、土壤肥沃、潮湿或半阴的杂木林、阔叶林、混交林、次生林中或生长在林缘、灌木林、沟边等地。主要分布在我国的东北。其中辽宁的本溪、丹东、桓仁、宽甸、抚顺、新宾、清原多有分布。刺嫩芽含有蛋白质、脂肪、碳水化合物、膳食纤维、维生素B2、维生素B1、尼克酸、维生素C、钠、钙、镁、铁、锰、锌、钡、铅、铜、磷、钴、铬、镍、硼、锶和肽等成分。

刺嫩芽的嫩芽、嫩叶为食用部分，食用方法多样。可以生食、炒食、酱食、做汤、做馅，或罐装保鲜。将刺嫩芽用沸水焯一下，换清水浸泡2小时，炒食、凉拌、蘸酱、裹面糊油炸均可。它味美香甜，清嫩醇厚，野味浓郁，是著名的上等山野菜，被誉为“山野菜之王”。多年来，一直是出口的主要野菜品种之一，而且供不应求，深受国内外广大消费者的称赞，可称得上是“美味山珍”。

9. 野生猕猴桃

野生猕猴桃盛产于本溪市山区，甜软甘美，是世界上一种新型的水果，内含多种维生素，特别是维生素C的含量更高，比一般水果高20~30倍，每百克鲜果含维生素C达到165.9毫克，还含有多种氨基酸、矿物质、葡萄糖、柠檬酸，具有防止高血压、肝炎等药用价值。

10. 榛　蘑

榛蘑，别名蜜蘑、蜜环蕈、栎蕈，属口蘑科真菌蜜环菌子实体，生长在多种阔叶树或针叶树的根部或干基部，夏、秋季采收，在辽东山区多能采到。

11. 黑木耳

黑木耳属木耳科，生于栎、椴、榆、柳、杨、赤杨等阔叶树种的倒木及伐后树桩上。黑木耳是我国传统的出口商品之一，年产量一直居世界首位。黑木耳营养丰富，含蛋白质、脂肪、钙、碳水化合物、磷、铁、胡萝卜素、维生素B1，此外含有大量纤维、钾、镁和钠等。黑木耳的蛋白质含量和肉类相当，维生素B2的含量是一般米、面和大白菜以及肉类的4~10倍，钙含量是一般肉类的30~70倍。

黑木耳口感酥软滑脆，具有清肺、润肺、益气补血等功效，是矿山、纺织业工人的良好保健食品。现代医学证明黑木耳中的多糖体具有增强人体免疫力、防癌抗癌等功效。美国科学家发现黑木耳能减低血液凝块、肝和冠状动脉硬化，并且能明显地防止血栓的形成。

12. 本溪市花——天女木兰

本溪是个山清水秀的地方，不仅有大自然赐予的奇异风光，还生长着世界稀有名花天女木兰。1985年，科研人员首次于桓仁发现这一稀世花种的消息，曾引起国内外的震动。

天女木兰又名天女花，是一种木兰科木兰属之落叶小乔木。树高4~7米，高者可达10米。天女木兰多垂直分布在400~850米之间的阴坡中的阔叶杂木林中。在桓仁满族自治县的老秃顶、花脖山，本溪满族自治县境内的草河掌、关门山等均有发现，从而使本溪成为天女木兰的故乡。

13. 丹东杜鹃花

我国是杜鹃花的故乡，辽宁丹东的杜鹃花以其独特的风姿，传播到四川、上海、新疆、浙江、北京乃至花城广州。全世界已发现的800多种杜鹃花在我国分布的有650种，而丹东就有240多种。经过60多年的培育，丹东杜鹃花已形成了自己的优良性状。

丹东杜鹃历史悠久，誉满国内外。目前，丹东有杜鹃种植基地5000余亩，从业人员5万多人，种植杜鹃花有300多个品种，每年大批销往全国各地。

14. 东港大黄蚬子

东港大黄蚬子，学名青柳蛤。因为丹东地区终年雨水丰沛，生物生长茂盛，鸭绿江不断地向黄海送去大量有机物，因此海产十分肥美，特别是黄蚬子为特产。

【补充阅读4】大孤山土特产品与海珍品

大孤山土特产品十分丰富，盛产柞蚕及草莓、杏梅、桃、李、梨、葡萄等水果。其中孤山杏梅与芦苇、钢草、嘟噜蟹子并称“孤山四宝”，核小肉厚、味道香甜鲜美，闻名遐迩。孤山杏梅在全省经过两次品种鉴定评比，均被评为杏品种之冠，堪称水果珍品。已被列入《中国土特产大全》一书中。

孤山水域为大洋河入海口，河、海“两和”水产生的咸度正适合水产品的生长，水产品资源也极为丰富。有各种鱼类、贝类、虾类146种，仅贝类就有36种之多。盛产对虾、海蟹、青虾、各种海水鱼类、贝类和味美的大马哈鱼，淡水产品有鲤鱼、鲫鱼、草鱼、武昌鱼、鲭鱼等。其中尤以东港对虾味道鲜美而驰名中外。

二、名酒与饮料

1. 五女山冰葡萄酒

辽宁五女山米兰酒业有限公司是在原有50余年酿酒历史的县酒

厂基础上，于2001年由辽宁省能源投资（集团）有限公司、辽宁五女山绿色食品开发有限公司、加拿大米兰巨龙酒业公司三方投资共同兴建的中外合资企业，总投资10900万元人民币，合资期限30年。主要生产冰葡萄酒，是我国第一家全面开发生产冰葡萄酒的专业公司。

冰葡萄酒是世界上公认的葡萄酒中的极品，被誉为葡萄酒中的“茅台”，有“液体黄金”之称。它是由纯葡萄在冰雪严寒中采摘，经破冰榨汁发酵酿制而成的。因此，冰葡萄酒具有优雅浓郁的芳香、醇柔爽净的口味，饮之令人心旷神怡。

2. 龙山泉啤酒

本溪龙山泉啤酒有限公司始建于1981年，三十多年来始终追求着质量为本、信誉为上、积极进取。龙山泉啤酒以品质优级的麦芽、大米及酒花，配上天然泉水为原料精心酿制而成。龙山泉啤酒的特点是口味醇正爽口，泡沫持久细腻，营养丰富。

3. 铁刹山白酒

辽宁铁刹山酒厂坐落在本溪县南甸铁刹山脚下，1950年建厂，厂区占地面积22530平方米，建筑面积18440平方米，年生产白酒3000吨，铁刹山牌老窖为辽宁十大名酒之一，铁刹山特液获辽宁名优产品称号。

铁刹山牌老窖酒，采用天然之露泉，以优质高粱、小麦为原料，用传统工艺与现代技术相结合酿制而成，具有酒质清澈透明、窖香浓烈、醇厚绵甜、回味悠长的特点，在第二届中国科技之星国际博览会上获金奖。

4. 凤城老窖

凤城老窖是中华十大文化名酒之一，辽东第一名酒，以麸曲酱香、口感纯正著称。当年唐太宗李世民畅游凤凰山，途经“烧锅”时，闻得酒香，酿酒主人以佳酿相敬，唐太宗李世民饮后龙颜大悦，以后每年征“东烧锅”为特贡御酒，进献朝廷。

凤城老窖有限责任公司于1905年始建而成，由爱新觉罗·溥仪之弟亲笔提名“凤城老窖”，企业坐落在美丽的凤凰山脚下，集山川之灵气，得天地之精华，承传东北名著“东烧锅坊”的基业，依靠优越的地理环境和自然条件，以东北优质高粱为主要原料，采用传统堆积工艺与现代科技手段相结合的生产技术，取凤凰山天然泉水经多轮次发酵，长期贮存，精心勾兑生产出凤城老窖、贵族老窖、陈年老窖、三星凤城老窖、鸿祯一品酒、百年老窖、凤城金窖等优质产品。

三、特色美食

1. 桓仁大米

桓仁大米，原名京租米，产于辽宁省桓仁满族自治县。桓仁县位于辽宁省东部山区，环境优美，水质良好，浑江流域一直是优质水稻的重点产区，其米质洁白如玉，做饭清香可口，早在清朝时，桓仁大米就被列入皇室贡品。1949年以后，桓仁大米被国家指定为招待高级外宾专用米，桓仁县被国家列为名贵水稻生产基地。2006年，国家质检总局批准对桓仁大米实施地理标志产品保护。

2. 抚顺红南果梨

系南果梨芽变，由抚顺市特产研究所1989年发现于辽宁清原县构乃甸乡南果梨园。红南果梨果形近圆形，平均单果重111.4克，最大果重180克。果实阳面鲜红色，果面平滑富有光泽。果点较大而密，近圆形。梗洼较浅近于平坦，有沟纹；萼洼较深，萼片脱落或宿存。果梗短而细，果心较小，果肉乳白色。采收后果肉较硬，甜脆。经10~15天后熟，果肉变黄白色，肉质细，柔软多汁。

【补充阅读5】抚顺十大特色美食

（1）八碟八碗

抚顺是满族的发祥地，在此能吃到最正宗的“八碟八碗”席。饭桌上的八碟八碗，与满人的豪爽相匹配。碟是实实在在的大碟，碗是深深大大的高碗，猪肉炖粉条、酸菜、黏玉米、笨鸡等一应俱全。

（2）大伙房水库鱼宴

大伙房水库位于辽河支流浑河中上游，辽宁省抚顺市境内，距抚顺市18公里，距沈阳市68公里，是一座防洪、供水、灌溉、发电、养鱼等综合利用的大型水利工程。

大伙房水库周边有许多养殖场及度假村，度假村中有全鱼宴，用鱼为原料做出各种各样的美味，一桌十几个菜都是以鱼为材料的，吃起来很过瘾。冬天的时候，水面结冰，周边的度假村就以火炕和农家菜吸引游客。

（3）红烧哈什蟆

（4）满族火锅

满族火锅，把燃着炭火的火盆放在锅下，另也有的人家备用宽沿大火锅，把火锅放在火盆上特制的支架上，每人一个酱碟，内放调料。就餐人盘膝而坐同食，别有一番风味。

（5）酸汤子

（6）麻辣拌

抚顺市特产，主要由土豆、海带结、豆皮、丸子、鱼丸、甘蓝、宽粉、茼蒿、白菜、闷子、豆泡、蟹棒、蘑菇等原料组成。跟麻辣烫的原料相似，不过是在煮过后沥干水分，加盐、陈醋、糖、花生碎、辣椒、孜然、麻油等拌匀后食用，是抚顺人在引入的麻辣烫基础上发明的，非常受欢迎，有甜酸口味、麻辣口味等。

（7）新宾羊汤

（8）苏子叶饽饽

满族人喜爱的风味黏食。其做法是将黏米（黏高粱米、黏米、黏小米、黏苞米、糯米，近代才加入了黏大米）浸泡后磨成黏米面，将小豆煮熟捣成泥状做成豆馅，包进黏米面中，外侧用苏子叶裹上，而后放在笼屉中蒸熟即可食用。苏子叶清香可口，是满汉人民都喜欢的食品。

（9）萨其马

萨其马香甜适口，清代关外三陵祭祀，以其为供品，可见满族对其的重视和喜爱。如今，萨其马成为全国各地、各民族人民普遍喜爱的糕点。

（10）黏火烧、黏豆包

黏豆包和黏火烧的制作方法差不多，首先是将黏米面滤净水分，再将小豆馅包入其中，团成馒头状的叫黏豆包，擀成饼状的叫黏火烧。黏豆包用锅蒸，黏火烧用锅烙，熟时食用既香又甜。过去黏豆包和黏火烧的制作都是在冬季，现在夏天也可吃到。

3. 辽阳香水梨干

辽阳的香水梨干，是一种历史悠久的名产。这种梨干的外形扁平，好像一片杨树叶，质地细嫩，茶红的颜色，非常鲜艳，吃起来甜酸，清香可口，相传已有四五百年的历史了。

4. 丹东甜辣黄瓜

丹东甜辣黄瓜是20世纪50年代初为支援抗美援朝战争而创制的，选用带刺尚有花蒂的黄瓜，用盐腌成咸黄瓜坯，再将黄瓜切成1厘米宽、3~4厘米长的条片，用水浸泡，使其吸水膨胀，然后挤去水分，只留下淡淡的咸味，即装入缸内，加上各种调料，经过浸泡，使调料饱和地进入瓜的内部。出缸后再拌入熟芝麻，即为成品。甜辣鲜香、脆嫩适口，极受消费者欢迎。

【补充阅读6】丹东美食

梭子蟹，又称大肥蟹、飞蟹，肉多，脂膏肥满，味鲜美，营养丰富，是丹东特色水产品中的上品。无论是糖醋、烹炸，还是水煮、清蒸，皆风味绝佳，回味弥久。

虾爬子，又称爬虾、濑尿虾、皮皮虾。五月是虾爬子的当季，用调料汁腌了，第二天就着白粥生吃，黄儿如咸蛋黄一般，却比蛋黄鲜美，这种方法一般家庭吃比较好，虾、汁都新鲜。常用的吃法还是简简单单，盐水煮了，葱姜蒜少许。清蒸和酱炒也是最好的做法。

泥溜子，盛产于东港黄海滩涂的低质贝类，甲壳软体动物，其状黑糊糊圆溜溜，有纽扣大小，别看它进化低级，其貌不扬，味道却十分鲜美，声誉显赫，现在已扬名海内外。泥溜子大致有三种做法：其一是爆炒（熟吃），其二是炝拌（生吃），其三是腌成咸泥溜，便于长时间保存。

面条鱼，在江海之间洄游繁殖的鱼类，又称小白鱼、银鱼，通体晶莹透明，增长速度缓慢，鸭绿江面条鱼身体细长、头扁平、口大，因其无骨无皮，用锅一煮与面条一般，故而得名。鸭绿江面条鱼制熟后鲜嫩异常、清香溢口，口感好，营养价值高。

黄蚬子，在烹饪中适宜于炝拌、白煮、清炒等多种方法，最好的吃法还是炭火烧烤。将加工好的无沙黄蚬放于炭火之上，红彤彤的炭火，黄灿灿的蚬壳，热腾腾的水汽，让人垂涎欲滴。

虎头蟹，辽宁只有丹东一带的水域产这种螃蟹。和其他的螃蟹比起来，它的外壳要更加坚硬，因此在吃的时候可能要更费些力气。虎头蟹上桌时，红得鲜艳欲滴，这种蟹长得真像个小老虎脑袋，上面还有两个红通通的“眼睛”，个头也超大。

朝鲜族冷面，冷面作为朝鲜族特有的风味食品，越来越受到欢迎。冷面质量的好坏主要在三个方面。一是面条要细而筋道。和面时要按适当比例掺和面粉、荞麦粉和淀粉，然后用冷面机压制。二是汤汁要鲜亮可口，汤汁以清炖的牛肉汤或鸡汤为上品。三是要讲究调味。除酱油、醋，还要有香油、芝麻、胡椒、辣椒、白糖、蒜泥、姜泥、味素等10多种调料。将这些调料按适当比例混合成糨糊状即可。较高级的冷面，还要放上鸡肉丸子，切成两半的熟鸡蛋、酱牛肉片、苹果或梨片等。

炒焖子，焖子是以绿豆凉粉为主料，以麻酱、虾油、蒜泥、白醋为调料，制作而成的。将凉粉切成小块，用铁锅加少油煎至黄疙装盘，倒入调好的麻酱、虾油、蒜泥、白醋拌匀即可食用。焖子含有丰富的粗蛋白、氨基酸、维生素、矿物质，老少咸宜。

炒馇子，丹东特有。馇子是玉米去皮后发酵而成的。馇子炒着吃或做成汤馇子都不错，本地人一般喜欢用瘦肉或黄蚬子炒馇子或用海鲜做汤料做成汤馇子，面条爽滑，味道非常好。另外在涮锅店也能看到涮馇子，也是很受欢迎的。

酸汤子，这是满族人民传统风味食品。做法是把玉米在水里浸泡一星期左右，之后用磨磨成水面，再用细纹布袋将水面里的粗渣子过滤掉，然后把过滤后剩下的细面放在缸里进行发酵，到有点酸味的时候捞出来，就变成汤面了。酸汤子是在辽东地区的满族长期食用的一种风味食品。

5. 丹东蓝莓

蓝莓营养丰富，具有较高的保健作用，近年来在国内市场越来越走俏，目前全国的蓝莓种植面积在3万亩左右。丹东市夏无酷暑，冬无严寒，全市312万亩耕地中的225万亩旱田是微酸性棕壤土，其中有85万亩是酸性土壤（pH值<5.0），同时拥有丰富的草炭土资源，土壤比较肥沃，自然生态条件适合于蓝莓的生长发育。

6. 东港大米

东港大米主产于辽东半岛东南部的港口城市——东港。全市粮田总面积120万亩，是全国200个重点产粮市之一。东港属海洋性气候，光照充足，四季分明，土质为退海平原。

东港大米的特点是，米质外观饱满，有光泽、蛋白质含量达80%以上，富含十几种人体所需的氨基酸。蒸煮的米饭油光泛亮，香味浓郁、柔润爽滑。特别是前阳柳林一带的稻米，在清代就纳贡朝廷，素有“宫廷贡米”之美誉。如今产品畅销国内十六个省市以及日本、韩国、俄罗斯、利比亚等国家和地区。

7. 小市羊汤

小市羊汤以本溪满族自治县当地土生土长的绒山羊为食材，继承和改进了满族羊汤的传统工艺，鲜羊宰杀分割后，全部放入柴锅中，武火、文火交替使用。经过数小时熬制，肉烂、汤练、味鲜。羊汤不仅美味可口，而且还具有补血益气、开胃健脾、养颜增寿功效，成为百姓喜闻乐见、久盛不衰的药膳食品。

【背景知识1】羊汤

羊汤主要将羊骨头（筒子骨）一起投入大锅里熬汤，再将切成砣的新鲜羊肉与清洗干净的羊杂一起投入汤锅中煮。煮熟后捞起来沥干，然后切成小块放入滚开水里一氽，再倒入汤碗中，冲入滚烫雪白的羊汤水，撒上碧绿的葱花，一碗热气腾腾、香气四溢的羊肉汤就做成了，再将海椒面、花椒面、盐巴、味精等调和即可。

8. 弓长岭区三星羊汤

辽阳弓长岭区三星羊汤，是三星全羊套餐的代称。三星全羊套餐有近20道名菜，包括红烧羊腿、烤羊脸、回灼肉、熘羊血、干煸肺子、水煮羊肝、羊排、正宗羊汤等。做菜用的羊肉选用北方山羊精工制成，其味道鲜美，口味独特，外焦里嫩，肥而不腻。羊汤配方精良，用料考究，为夏季防暑降温之首选食品。2002年，被省旅游系统评为“辽宁省风味名小吃”。

9. 弓长岭区汤河鲜鱼

辽阳弓长岭区汤河鲜鱼一条街是以经营汤河鲜鱼为主的美食街，各类鲜鱼皆取自辽宁省唯一未被污染的水库——汤河水库，主要品种有鲢鱼、鲫鱼、老头鱼、鲤鱼、草鱼、岛子鱼、麻口、公鱼、嘎牙鱼、虫虫鱼、黑鱼等30多种，每年可销售鲜鱼近15万公斤。经过精心加工，可制成汤河全鱼宴。汤河鲜鱼肉质鲜嫩，味道清鲜，是弓长岭区的特色餐饮品牌，在省内外远近闻名。2002年，汤河“滋补鱼头”被省旅游系统评为“辽宁省十大风味食品”。

10. 塔糖

塔糖是辽阳市的一种历史悠久的土特产品之一。塔糖不仅具备着特殊的风味，而且它的外形也很美，有如梅花形并多孔，吃起来酥脆，清香可口，色泽洁白细致，经暑不变。

11. 老世泰糕点制作技艺

老世泰始创于1880年左右，原名“世泰德”，是清朝光绪年间由河北人老埋（姓曹）来辽阳城创办的，以前店后厂的形式制作和经营糕点。后由孙姓辽阳人接手，改名“世泰果局”，“老世泰”距今已有一百三十余年的历史，是辽阳糕点行业的老字号。老世泰的糕点讲究真材实料，不使用添加剂，配料精确，做工精良，风味独特，注重口感，老幼咸宜，有口皆碑，在辽阳地区乃至海内外都有盛誉。1999年中华人民共和国国内贸易部认定一批具有百年以上历史的“中华老字号”，老世泰糕点厂是辽阳市唯一获此殊荣的企业。

第二节　辽东地域的艺术

艺术，是通过塑造形象以反映社会生活而比现实更有典型性的一种社会意识形态，如文学、绘画、雕塑、音乐、舞蹈、戏剧、电影、曲艺、建筑等。下面分别从曲艺、文学、舞蹈与音乐等方面论述辽东地域的艺术。

一、曲　艺

1. 本溪评书（省级非物质文化遗产）

以田连元为代表的本溪评书，曾作为本溪文化的特色之一，为本溪赢得了极高的荣誉。田连元的评书艺术经过广播尤其是电视屏幕的推介，已妇孺皆知。只要一提起田连元的评书，人们就会联想到本溪，他的评书艺术已入选省级非物质文化遗产名录。

本溪评书历史久远，评书艺人田希贵为第一代传人，民国初年开始在河北、天津等地说书；第二代传人田庆瑞开始在吉林、辽宁说书；第三代传人田连元早年随父学书，后师承评书艺人王起胜，自成一派，以《杨家将》《刘秀传》等享誉书坛。田连元的评书在内涵和外延上融汇了其他艺术形式。主要有以下特点：拓宽了评书艺术表演的新领域，强烈的爱国主义主线，独具风范，说书、教学相得益彰。

【背景知识2】田连元从艺生涯

田连元自小在天津读书，14岁随父学艺，后师承天津著名评书艺人王起胜。田连元17岁登台说书，在天津、山东等地历尽艰辛，说书养家。1960年本溪市曲艺团录用田连元，一部《隋唐演义》使他在本溪曲艺界有了较高声望。1966年，辽宁人民广播电台邀请田连元录制评书《欧阳海之歌》。随后中央人民广播电台邀请田连元录制《欧阳海之歌》和《渔岛怒潮》，中央人民广播电台一次让一个人录两部书还没有先例。

本溪田连元评书艺术的主要价值是：继承了传统的评书形式，拓宽了评书艺术表演领域。他是把古老的评书与现代的电视媒体结合在一起的中华第一人。说讲长篇故事，运用现实主义的表现手法，弘扬爱国主义旋律，是田连元评书艺术的主要内涵。田连元作为传统评书表演艺术家，他的评书明书理，讲书情，具有很强的文学功力。在继承传统的同时，他的评书融入不少现代文化意识，继承传统而不囿于传统，在去芜存菁、推陈出新上下功夫。田连元既能说书，又能写书，形成了自己独特的艺术风格。本溪田连元评书被誉为“立体小说”。田连元不但能说书，还能教书育人。为使评书艺术传承下去，田连元被辽宁科技大学艺术系聘请为主讲教授，在该校开设了全国第一个评书本科教学班。此外，他多次到加拿大、俄罗斯、北京大学进行讲学，长期致力于评书艺术的教学与传播活动，这在评书界是不多见的。

2.“京剧（本溪徐派毕谷云）”（省级非物质文化遗产）

毕谷云，又名毕国荣，1930年出生，他的父亲是个裁缝。因为家境贫困，从1942年起毕谷云随赵云卿先生练功。1944年，与老艺人王福卿（艺名十四盏灯）改学梆子花旦。1947年在上海新新公司正式拜“五大名旦”之一的徐碧云为师，成为徐派京剧的唯一传人。入室徐门后，毕谷云组织京剧团经常巡回全国各地演出，声名鹊起。1951年拜荀惠生为师，在徐派基础上博采荀派京剧艺术精华。1952年，以“红娘姐”的形象成为闪耀在梨园星系中的一颗新星。1956年至1958年，毕谷云先后于北京出任民生京剧团和红星京剧团团长。1958年11月，为响应国家“支援内地”的号召，从首都来到辽宁阜新，任阜新市京剧团团长。1961年5月，毕谷云拜梅兰芳为师，成为梅先生的最后一位弟子。1963年8月17日，毕谷云、周承志等由阜新调至本溪市京剧团任主演。至“文化大革命”前夕，他先后演出的剧目有《天女散花》《续红娘》《前后部玉堂春》《佘赛花》《仗义鸳鸯》《樊梨花》《杨立贝告状》和现代戏《芦荡火种》等。十年浩劫过后，从1979年至1985年，毕谷云任本溪市京剧团团长。在此期间他与周承志陆续整理、排演了已绝迹舞台多年的徐派京剧《红娘续红娘》《前后部玉堂春》《绿珠坠楼》等，先后赴丹东、沈阳、大连、烟台、青岛、上海演出，展现了师承梅（兰芳）、荀（惠生）、徐（碧云）三大名旦流派的艺术特色和深厚功底，以至所到之地戏迷和媒体为之奔走相告，好评如潮。

【背景知识3】“徐派京剧”

所谓“徐派京剧”，是指当年曾与梅兰芳、尚小云、程砚秋、荀惠生齐名的徐碧云先生创排之传统剧目。徐派京剧有两个最显著的艺术特色：一是发展了故事情节，延伸了时间下限，增添了空间场次，如《续红娘》和《后部玉堂春》等；二是不仅注重唱、做，而且要有一般正旦戏中难度颇大、极为罕见的翻迭功夫，如《绿珠坠楼》《活捉王魁》等。可能出于这个原因，学徐派京剧的寥寥无几，女演员更是无人问津。

1982年5月13日至6月10日，毕谷云率本溪市京剧团赴北京进行了为期近一个月的展演活动，先后在广和、西单、长安、吉祥等剧院连续公演26场，观众达2.8万多人次。这期间，年过五旬的毕谷云为京城献演了多年销声匿迹的徐派京剧《绿珠坠楼》。剧中由毕谷云饰演的绿珠，不仅“羽舞”“袖舞”等均保留了当年徐派京剧艺术的精华，而且“坠楼”一折绿珠从叠加的三张高桌上凌空翻下时，由本来就难度较大的“旦角抢背”（侧前翻，侧肩膀部分着地），发展成更为高难的堪称“双绝”（绝迹、绝活）之“旦角吊毛”（前空翻，脊背上部着地），把一个备受欺凌的弱女子以死来宣布同那个社会势不两立的反抗精神，演绎得斩钉截铁、动人心魄，进而把本溪毕谷云徐派京剧也推上了艺术巅峰。

1987年，几近花甲之年的毕谷云出任本溪市职业文化艺术学校副校长。1990年退休后，毕先生定居上海。为使渐成“文物”的本溪毕谷云徐派京剧得以传承和保护，本溪市政府开始了卓有成效的申遗工作。2007年6月7日，辽宁省人民政府正式将“京剧（本溪徐派毕谷云）”列入辽宁省第二批省级非物质文化遗产名录。

二、文　学

2010年，《本溪满族民间故事》丛书发行。这部丛书的整理、编辑历经3年多时间，从434篇100多万字的稿件中整理出382篇文章，共达70万字，分《神话与传说卷》《幻想故事卷》《生活故事卷》三卷，由民族出版社出版。这套丛书使散失在本溪县内的无形文化遗产转化为人类共享的有形文化资源，为推动民族地区文化繁荣、传承优秀民族文化做出了重要的贡献。

三、舞蹈与音乐

1. 本溪社火（国家级非物质文化遗产）

国家级非物质文化遗产项目“本溪社火”，也称武秧歌，是一种古老的民俗活动。社火是在节日和迎神赛会上表演的杂戏、杂耍。从民间流传的“演社火，给神看”的民谣中，可以悟出其“祛瘟压邪，纳富求祥”的含义。

本溪社火主要流传在本溪市明山区和本溪满族自治县一带。过去交通闭塞，汤河和太子河在这里汇流，形成了水上运输主要通道的河运码头。那些被这里丰富的矿产资源所吸引的中原商贾纷至沓来，沿太子河而上冶铁、采煤，云集从业，使这里成为与中原经济、文化进行交流的主要地域。古老的中原文化在这里得到融合和传承，因太子河道是其交通要道，故而流传地域大都沿太子河上游自下而上分布，形成了这里民间文化生长的特殊地理环境。

20世纪80年代，本溪市群众艺术馆、本溪县文化馆组织相关人员对本溪社火进行过普查、研究，已撰写、编辑出版了《辽宁民族民间舞蹈集成·本溪卷》，对包括本溪社火在内的民族民间舞蹈做了较为全面的记述，保存了这些艺术形式的珍贵资料，使之得到较好的静态保护。在本溪社火被列为辽宁省非物质文化遗产试点项目后，本溪市群众艺术馆、本溪县文化馆组建课题组，收集、整理本溪社火的相关资料，挖掘、研究这一古老的艺术形式，撰写论文、指导恢复排练、制订保护方案，将本溪社火正式提上保护日程。本溪社火在2008年6月，经国务院批准列入了第一批国家级非物质文化遗产名录（扩展项目）。

目前，本溪县成立了非遗保护中心。每年的冬季农闲季节，非遗中心都组织社火队开展传习活动。“本溪社火”的影像教学片即将开机拍摄，社火的文字教材也将出版。

2. 满族萨满舞（市级非物质文化遗产）

萨满舞俗称“跳神”，是巫师在祭祀、请神、治病等活动中的舞蹈表演，属于图腾崇拜、万物有灵宗教观念的原始舞蹈。萨满一词的原意即为因兴奋而狂舞者，后衍生为萨满教巫师的称谓。萨满舞表现出原始宗教信奉万物有灵和图腾崇拜的内涵，舞蹈时，巫师服装饰以兽骨、兽牙，所执抓鼓既是法器又是伴奏乐器，有的头戴鹿角帽、熊头帽或饰以鹰翎，动作也大抵模拟野兽或雄鹰。萨满舞虽有迷信的一面，但它对各族民间舞蹈的形成和发展都有很大影响。

满族称萨满舞为“跳家神”（请家宅之神）或“烧旗香”（旗人请神，以区别于汉人）。表演时，萨满腰系长腰铃，手持抓鼓或单鼓，在击鼓、摆铃声中，延请各路神灵，请来神灵（俗称“神附体”）后，即模拟所请之神的特征做各种神灵的表演。如请来“鹰神”，要拟鹰飞舞，啄食神桌上的供品；请来“虎神”，则蹿跳、扑抓，并和在场者交流；或者在黑暗神秘的气氛中舞耍点燃的香火，表示已请来“金花火神”。

3. 本溪县太平秧歌（省级非物质文化遗产）

本溪县太平秧歌是地秧歌的一种，是明末清初满族文化与汉族秧歌相融合的产物，主要分布于本溪满族自治县北部的高官、清河城，东部的南甸、碱厂等乡镇，其中以清河城的太平秧歌最具代表性。因太平秧歌中有“鞑子官”和“克里吐”两个“鞑子”角色，所以民间俗称其为“鞑子秧歌”或“老鞑秧歌”。

太平秧歌主队分别由24名“上装”和24名“下装”组成。上装称“拉花”，身着鲜艳的满族服装，头戴花山，手拿彩扇和手绢；下装称“跳丑”，手拿彩扇或爆花鞭。秧歌队中有一个行动自由、头戴草帽、反穿羊皮袄、肩挎响铃串和酒壶、手挥老牛锤（马鞭）的“银牌天使”，原来是专抢美貌姑娘的反面角色，后逐渐演变成了逢院打场、遇众开路、负责秧歌队尾的克里吐，也称跑豹子。

太平秧歌的动作特点是上高下矮，上稳下摆。上高下矮是指上装、下装的表演姿势，上装表演时不低头，不弯腰，显示出满族妇女落落大方、温文尔雅的气质；而下装却始终两膝弯曲，如“蹲步摆胯”“蹲步转扇”“弓步转扇”等动作。上稳下摆是指上装、下装的扭法，上装稳得出奇，脚和腰的动作幅度很小，表演时全靠手中的扇子和手绢，上下翻飞，变换不同花样；下装摆就是“摆胯”，这种似醉非醉的“摆”都要在蹲式中进行，如“挑斗”“大旋”“扭腰”“扭逗”等动作都体现了下装摆的表演技巧。

太平秧歌礼节动作多。礼节动作是先左后右，先前再后，左右两个动作为一组，共达30多组。有些礼节，如“搂腰”“抱肩”等动作十分文雅；有些礼节，如“对膝”“对脚”等动作带有野味；也有的礼节，如“抖毛”“下蛋”等动作则非常诙谐。

4. 丹东鼓乐（国家级非物质文化遗产）

鼓乐在丹东地区流传至少已有百年以上的历史，在《安东县志·婚礼》《凤城县志·丧葬》《凤城县志·岁事》等丹东早年的各县县志中均有记载。丹东鼓乐就是老百姓所说的“鼓吹乐”，器乐名目繁多，曲牌更是丰富多样，是一种以民族管乐器和打击乐器为主的传统器乐演奏形式，多年来一直深受群众喜爱。

丹东鼓乐对研究丹东民间音乐发展史有着极其重要的意义。现在是丹东鼓乐发展比较兴盛的时期，全市比较有名气的民间鼓乐班就有50余支，大多活跃在县区、乡镇，并且由于鼓乐的喜庆气氛特别浓厚，现已逐渐扩展到城市。丹东鼓乐的传承和发展，多亏了老民间艺人及其子孙后辈的坚持。东港市王廷全民间鼓乐班的老艺人王廷春现已95岁高龄，是所在鼓乐班的第六代传人，他10岁开始学艺，至今仍未放弃，吹得一手令人赞叹的好唢呐，并把这一技艺传给了王家第七代唢呐艺人——他的儿子王树贵，王树贵的儿子王承军又随父学艺，成为王家鼓乐第八代传人。

目前，能够传承丹东鼓乐技艺的老艺人已经寥寥无几，如不加紧搜集、整理和研究，丹东鼓乐艺术将面临失传的危机。这已引起丹东市文化部门的极大关注，早在20世纪80年代，便开始采取了相应的保护措施，地方文化专家也对丹东鼓乐进行了长期的研究，主要成果已收录在《中国民间器乐曲集成》一书中。更可喜的是，丹东鼓乐已被列入国家级非物质文化遗产名录。

【补充阅读7】丹东的非物质文化遗产

丹东鼓乐、丹东朝鲜族花甲礼（寿礼）2项被列入国家非物质文化遗产名录。丹东单鼓、宽甸八河川皮影戏、丹东上打家什高跷、凤城满族荷包、凤城老窖酒酿造技艺、凤城满族珍珠球、孤山泥塑7项被列为省级非物质文化遗产。丹东东北大鼓、丹东剪纸、丹东满族靰鞡制作技艺、丹东馇子制作技艺、丹东朝鲜族顶瓶舞、丹东农民画、丹东蓑衣编织技艺、丹东妈祖祭典、丹东满族柞蚕养殖技艺、丹东满族年俗、丹东满族婚礼、宽甸根雕、宽甸满族子弟书、振安陈季先漫画、振安木板烙画、凤城晶涛景泰蓝珀晶画、凤城凤凰山庙会、东港大孤山庙会、东港满族灯官舞、丹东面塑、丹东糖画、凤城锡伯族欻嘎拉哈、凤城皮影戏、宽甸柱参种植技艺、宽甸满族绣花鞋25项被列为市级非物质文化遗产。

5. 丹东上打家什高跷（省级非物质文化遗产）

丹东上打家什高跷是表演者双足踩着木跷做舞，由其中四名舞者用两鼓两锣（或八人、四鼓四锣）边舞边为全队伴奏的一种民间广场舞蹈艺术，俗称“天津跷”。早在清代后期，大批流民从天津、河北移居丹东地区，上打家什高跷也随之传入。1907年，清政府宣布安东（今丹东）为贸易港，城市经济发展，各种商会云集，上打家什高跷艺人开始涌入市内，从而使这一民间舞蹈艺术在丹东市区生根。

丹东上打家什高跷由14个人分别扮成陀头、卖豆、樵夫、老座婆、俊公子、傻妈妈、渔翁、傻柱子、青蛇、白蛇等角色。人物个性鲜明，舞姿粗犷健美，如陀头的动作大方、粗犷有力，体现了其刚直的性格；樵夫的动作质朴、劳动气息浓郁；老座婆的动作潇洒，表演泼辣。

丹东上打家什高跷是高跷秧歌中的锣鼓高跷，以挎鼓和小锣为主要乐器，即锣鼓四件。持锣鼓的踩跷者要敲出各种复杂的鼓点，又要随之舞出各种舞姿，所以没有锣鼓四件，便没有上打家什高跷。这种特色充分体现在表演之中，表演以“老三点”伴着“行进步”打开场子，以“拉骆驼”的造型向观众致意，以“乱三点”伴着“逗群场”掀起小高潮，在赏心悦目的“杂耍点”伴着“下对子”之后，以快节奏的“乱锣”伴着“二龙吐须”把表演推向高潮。最后，依次摆出“天、下、太、平”四个大字，稳住阵脚后“下会”（即收场）。整场表演既串成一个完整的程序，又突出表现了各段的特色。

丹东上打家什高跷作为一种民间广场舞蹈，在保留其自身艺术特征的前提下，融合了辽南高跷、东北秧歌等民间舞蹈，成为传统节日、庆典以及艺术赛事等文化活动中不可或缺的舞蹈形式。

6. 满族民间歌舞

满族是个能歌善舞的民族。隋朝时，满族祖先靺鞨人派使者去长安见隋文帝，“高祖（文帝）厚劳之，令宴饮于前，使者与其徒皆起舞，其曲折多战斗之容”。靺鞨后裔女真人有这样的习俗：女子成年后，行歌于途，歌唱自己的身世、姿色、技能，以寻找伴侣。到努尔哈赤兴起后，也继承了满族能歌善舞的传统。每逢佳节、喜庆、婚嫁筵、出征、凯旋、祝寿、祭祀等都要歌舞尽兴，其中“莽势舞”最具代表性。

莽式舞，满族舞蹈名。为传统的筵宴歌舞，广泛流传于民间。凡有宴会时，主人家男女便翩翩起舞，举一袖于额，反一袖于背，盘旋，曰莽式。共九折十八式。九折即9组动作，一为起式，二为摆水打渔动作，三为穿针即织网动作，四为吉祥欢庆动作，五为单奔马即打猎动作，六为双奔马即出征动作，七为怪蟒出洞即龙舞动作，八为大小盘龙即龙戏水动作，九为大圆场，与动作四相同。十八式即为18个舞蹈姿势，肩二式，走一式，并有“男莽势”“女莽势”“衬舞”等表演形式。

秧歌舞，满族民间舞蹈。早期多在正月十五上元夜表演，人数由几个至数十人不等，表演者各持尺许两圆木，敲击对舞。由男子三四人扮成妇女，三四人扮参军，以及持伞灯者、卖膏药者做前导，以锣鼓伴奏。“舞毕乃歌，歌毕乃舞”，为歌舞分别表演。有徒步、高跷之分。踩高跷，源于满族早期的狩猎生活，经发展演变后，秧歌、舞龙灯、耍狮子、赶驴、跑旱船等与之同时表演。男女皆有，并在街头游行演唱，一人于队伍前指挥，节奏由指挥者决定，若两秧歌相遇，则行抗肩礼。

【补充阅读8】本溪县田师付镇全堡村的“寸跷秧歌”

“寸跷秧歌”，民间又叫“踩寸子”，是几百年来流行于本溪市田师付、碱厂、南甸地区的满族秧歌。“寸跷秧歌”曾盛行于清朝前期，古装满、汉扮相。多少年来，全都是男性秧歌艺人扮演各种角色，没有女人参与其中。女相身着满族格格服饰，最突出的特点就是在半尺高的“寸跷”上制作一双着红鞋绿鞋的“小脚”，长长的旗袍罩住脚面，却露出了一对“小脚”在扭动，令人忍俊不禁；男相则穿着各种民间服饰，有卖膏药的“膏药先生”，有舞动算盘的“账房先生”，有磕磕碰碰栽栽愣愣的“傻秀才”，有前后乱窜挥耍长鞭破衣烂衫的放羊丑角……当然，秧歌队中也少不了老百姓所喜爱的《白蛇传》《西游记》等民间故事和传说中的人物。如同其他秧歌一样，“寸跷秧歌”也采用载歌载舞的形式，但是多了艺人的地方小唱，这当然来源于满族萨满表演的成分。

【补充阅读9】抚顺满族地秧歌（国家级非物质文化遗产）

抚顺满族地秧歌主要分两种，一种源于河北，另一方面源自满族传统民间舞蹈，经演变融合而形成的满族地秧歌，又称“太平秧歌”，俗称“鞑子秧歌”。抚顺地秧歌形成于清初，一直流传至今。据专家考证，满族秧歌中的人物及其装扮，不仅仅是满族生活方式的体现，也是反映八旗制度、兵民合一的艺术体现。抚顺满族地秧歌与满族先世的民间舞蹈有着直接的渊源关系。据史书记载，唐代已有名为“踏锤”的舞蹈，明代有被称为“莽式”的歌舞，它们对抚顺地秧歌的形成有一定的影响作用。

1986年，在中国民族民间舞蹈集成抚顺市资料本审稿会议上，辽宁省的秧歌专家们对这种民间舞蹈进行了科学的分析、鉴定，认为抚顺地区的秧歌服饰上佩戴八旗旗标，表演中施“打千儿礼”“抱腰礼”，是鲜明的满族特征；动作中特有的动律——扬、蹲、跺、盘、摆、颤，具有浓郁的满族人民渔猎生活和社会活动方式之特色，可以作为抚顺地区满族人民的代表性民间舞蹈。鉴于尊重少数民族的政策，不称其为“鞑子秧歌”，正式定名为“满族秧歌”。从以上史料可以看出，抚顺满族地秧歌形成和发展的历史都很悠久。

腰铃舞，满族民间舞蹈。由数名腰系铜铃的男子表演。表演时打关响板，扭动腰铃，使板声、铃声相和。源于满族早期的骑射生活。萨满祭祀时便跳此舞，但动作较简单，腰铃与神鼓同时使用，并伴祭祀时所唱的神歌。

单鼓舞，满族舞蹈，舞者一手拿鼓，一手敲击；两腿轮跳，健美有力，身着彩衣，头戴红帽，此舞模仿、借鉴了萨满祭祀中的舞蹈表演，有浓郁的满族狩猎生活情趣。

【补充阅读10】东港满族灯官舞（市级非物质文化遗产）

灯官舞原是满族的一种艺术形式，在丹东地区流传已有几百年，主要活动地区在东港龙王庙及孤山一带。在东港龙王庙地区，每逢正月十五，街上都有商会组织的灯官舞表演，后因“文革”中断。2010年，由丹东市非物质文化遗产保护中心、东港市文化局和龙王庙镇共同组织民间艺人，再现了这一表演形式，并将其纳入丹东市非物质文化遗产保护名录。

7. 本溪朝鲜族农乐舞——乞粒舞（国家级非物质文化遗产）

朝鲜族农乐舞——乞粒舞是朝鲜族民众十分喜爱的自娱性民间舞蹈，主要在朝鲜族民众日常生活中的重大节日或大型活动中演出，由村里有地位的头面人物牵头，组织能歌善舞的人进行表演。它不仅吸收了朝鲜族人民喜爱的拔河比赛中“双层舞”的精华，而且把朝鲜族“乞粒”（乞求丰收）活动中的歌舞部分也融于其中，从而形成独特的表演形式。现全国仅流传于辽宁东部桓仁县横道川和六道河等地。

乞粒舞是供人观赏的农乐舞蹈，表演时少则几十人，多则几百人，表演程式相对固定，但也具有很强的应变性。每逢佳节喜庆之时，参加表演的人数众多，场面宏大，就需要有人出来主持、引导舞队进入表演场地。从舞队入场至走出各种队形变化，直到舞之尽兴，表演程式相对稳定。在“做周”“回甲节”“回婚节”等活动中，因受表演场地及参加人员的局限，就没有入场、走队形的必要，因此，表演程式相应地发生变化。因地制宜，因情而变，是乞粒舞表演形式的主要特点。

因乞粒舞表演者的年龄、性别等各不相同，所以舞蹈形态复杂，既有体现朝鲜族舞蹈基本风格，表演时整齐划一、老少皆宜的规范性动作，如“背手”“横手”“垫步”等；又有表演者情绪高涨时，各显神通，展露舞姿，竞相下场献艺的即兴表演，如头戴象帽的两位舞者，灵活地晃动头部，使象帽顶端的长缨随之飞旋，划出各种缓、急、大、小的弧线，变化十分丰富。这些各具特色和韵律的动作交织在一起，使得整个舞蹈场面热烈、生动。

第三节 辽东地域的工艺美术品

辽东地域的著名工艺美术品有以抚顺煤精雕刻为代表的雕刻工艺和其他工艺美术品。

一、雕刻工艺

1. 抚顺煤精雕刻

煤精是抚顺的天然特产，产于抚顺西露天矿，是我国雕刻工艺品的特种原料之一。煤精是一种稀有的煤种，比煤坚韧、轻，黝黑发亮，在显微镜下可以看出有些颗粒带清晰的本质细胞结构，甚至可辨树木年轮线，故称之为煤中之精华。其特点是质地坚硬，结构细腻。煤精雕刻是我国传统工艺品，已有六千多年的历史。从装饰品到实用品，品种繁多，飞禽走兽、花鸟鱼虫、人物、文房四宝、烟具、配饰等，都是具有独特风格的工艺美术品，颇受国内外各界人士的赞赏和欢迎。

2. 抚顺琥珀雕刻制品

抚顺是琥珀的重要产区，也是我国琥珀昆虫的唯一产地。抚顺琥珀形成于5000多万年前，比波罗的海的琥珀的形成要早3000多万年。琥珀是史前植物分泌物，埋藏在地下，经过高温、高压而形成，被称作“树脂化石”或“松脂化石”。其折射率为1.54，硬度为3度，易于加工和制作各种工艺雕刻品。一百多年来，抚顺琥珀一直沿袭着传统的手工工艺制作，在不使用任何机械设备的条件下，琥珀艺人凭借着双手和智慧，自制出一些微型的原始加工工具，雕刻出了享誉世界的琥珀工艺品。抚顺琥珀品种多样，颜色绚丽多变，在不同光线下能变幻出不同色彩。每一种色彩都给人以美的享受，令人心旷神怡，目不暇接。自古以来，不同颜色的琥珀又被人们寓以不同的含义，如“金珀聚财，血珀辟邪，翳珀、蜜蜡是药珀”等。金黄色者为金珀，金珀以其金黄色的璀璨深受中国人的喜欢。同时琥珀又是佛教七宝之一，特别是琥珀中的金珀好像公主一样招人喜爱。

【补充阅读11】抚顺十大特色旅游商品

（1）煤精

（2）琥珀

（3）林蛙油

哈什蟆，又叫“田鸡”，俗称中国林蛙，源于满语，东北民间称它为“油蛤蟆”。抚顺哈什蟆是中国林蛙在抚顺地区特定的地域条件下形成的一个优良品种，享有绿色“软黄金”之美誉，是集药用、滋补和食用于一身的名贵经济蛙种。其雌蛙输卵管的干燥物称为“林蛙油”，又名“雪蛤油”，具有补虚润肺、强身健体的功效，自古在民间就被誉为与东北三宝齐名的传世滋补佳品。

（4）抚顺林下人参

人参，在我国东北土名“棒槌”，是具有肉质的根，可药用。抚顺林下人参属于五加科，主要生长在长白山余脉的辽宁抚顺，是林下人工播种山参式种子，自然生长10~20年以上，既有野山参的功效，又有实惠的价格。用于愈后恢复、增强体力、调节荷尔蒙、降低血糖和控制血压、控制肝指数和肝功能保健等。

（5）单片黑木耳

单片黑木耳是抚顺县的特色农产品，生长于大伙房水库上游，产地环境优越，水质标准高，没有任何工业污染，生产中不使用任何化学农药，产品品质优良。获得农业部农产品地理标志证书，是地理标志保护产品。

（6）三块石大榛子

三块石大榛子是抚顺市抚顺县的特产。抚顺县所属山地的土壤、气候等适宜大果榛子的生长，目前，抚顺县大果榛子苗木繁育基地建设面积67公顷，年产大果榛子苗43万株，苗木繁育基地主要分布在海浪乡杨木村、松树嘴村、果木村，品种主要有辽榛5号、辽榛6号、达维等。三块石大果榛子地理标志产品保护产地范围为辽宁省抚顺县现辖行政区域。三块石大果榛子为地理标志保护产品。

（7）清原马鹿鹿茸

抚顺清原马鹿是国际上首次人工系统选育的高产茸鹿新品种，鹿茸的粗蛋白和氨基酸含量均高于其他鹿种，是世界公认最好的马鹿茸。鹿茸味甘微咸、性温，具有补肾、壮阳、益精血、强筋骨的功效。现代医学研究也证明，鹿茸内含有多种氨基酸、三磷酸腺苷、胆甾醇、雌酮、脂溶性维生素、卵膦脂、脑磷脂等。这些物质除能促进人体的生长发育、壮阳外，还能增强人体的免疫功能，因此鹿茸作为一种中药补剂深受患者欢迎。

（8）新宾木根雕

根雕艺术在新宾可谓源远流长。早在元、明时期，女真人就有用树根做台、架摆放什物的先例。后来一些有心人便把那奇形怪状的树根，随形就意雕琢成独具审美价值的艺术品，并逐渐形成了根雕艺术，一直流传至今。新宾的根雕自然天成，豪放大气，颇有满族人遗风，与南方根艺精细织巧的风格截然不同。

（9）满族剪纸

新宾满族剪纸迄今已有三百多年的历史，起源于满族的原始宗教——萨满教——的影响。满族人民在他们的剪纸作品中表达了他们对自然神祇的敬畏、对始祖神的感恩情怀以及对在祖先神的护佑下繁衍昌盛的美好憧憬。历史上满族民间剪纸多以动植物图腾和女始祖神“妮她人”为主要内容，多以直线为主、曲线为辅，形象简洁，不拘于形似，抓住对象的基本特征，或运用大胆夸张的手法形成独特的地域、民族特色。在民族民俗生活中，剪纸是祭祀、节庆活动不可缺少的烘托氛围的文化符号，像过年时的窗花、挂笺以及婚礼上的喜花、生命树等，也是日常用品和服装、鞋帽的装饰图样。

（10）刺五加茶

刺五加是一种对人身很有益的植物，可泡茶饮用，强身健体。每年春天采其嫩叶，按制烘青绿茶的方法，制成刺五加毛茶，再适当精制整形后即成为刺五加茶。也有的将它加入茉莉鲜花，按花茶窨制工艺，窨制成刺五加茉莉花茶。刺五加茶香味醇厚，回味甜润，汤色浅褐，质地厚实，甚为可口，即使嗜茶成瘾的茶客品饮，也会感到滋味和谐，常饮不厌。

二、其他工艺美术制品

1. 本溪辽砚

辽砚独产于我国辽宁本溪，其特有的地质地貌经上亿年演变，形成了褐石红和石青绿两种奇石，即紫云石和青云石，此砚石素有“滑而不流墨，涩而不磨笔，养墨为群砚之首”的雅誉。这为辽砚的创作和雕刻提供了极为宝贵的天然资源。青蓝色的石材上，生有凡缨紫红色的纹理，似蓝天红霞凝于砚台之中，望去令人浮想联翩，文思泉涌，备受历代文人雅士的珍爱。当年张学良将军与其蒙师白永祯合赞辽砚的绝句为："关东山里奇宝开，蓝天红霞凝石才。能工巧匠雕辽砚，珍品独秀四宝斋。"辽砚与端砚、徽砚并称为我国三大名砚。

为弘扬民族文化，进一步发掘和发展辽砚这一独具特色的地方产品，本溪市辽砚厂精选上佳石料，广集天下雕刻、设计人才，请专家指导，开始系列地进行辽砚雕刻，并在制作过程中将传统的手工艺与现代设计、古老的图案与现代科技创意相结合，使雕、镂、剔、透工艺精湛，既不失传统美，又具有现代气息，使辽砚这一中华瑰宝再度大放异彩。

2. 桓仁版画

桓仁现代版画创作活动始于1987年，是由本溪市著名版画家李德甲组织辅导发起的，至1990年底，就已经形成一支以农民为主体，职工、学生参加的100多人的创作队伍，共创作版画1500余幅，其中200余幅发表在国内各级报刊，500余幅参加各级美术展览，13幅获奖，1幅收藏于中国美术馆，12幅收藏于中国民间美术博物馆。桓仁版画受到了各界专家的好评，被文化部命名为"中国民间画乡"。

二十几年来，桓仁版画创作取得了巨大丰收，作品先后发表于《人民日报》《中国文化报》《文艺报》《求是》《辽宁日报》《美术》《美术大观》《版画世界》《新华社通讯》以及日本《版画艺术》、美国《现代版画》等国内外报刊。

3. "天龙洞牌"核桃木系列工艺品

本溪天龙洞风景区山清水秀，洞奇泉幽，是国家AA级风景区，并被命名为本溪市首家满族民俗文化村。天龙洞民族旅游工艺品厂以天龙洞风景区为依托，成立于2001年，现有员工80人，生产厂房2000多平方米。

"天龙洞牌"核桃木系列工艺品采用辽东山区特有的野生山核桃为原料，利用满族传统工艺精心加工雕琢粘制而成。产品有宝葫芦系列（获专利保护十年）、扬帆奥运、梅花鹿、金钱豹、花瓶、花篮、笔筒、首饰盒等十几个系列上百个品种。在我国历史上历来把核桃和宝葫芦视为镇宅、辟邪、纳福、聚财的吉祥物，佛教、道教、儒教、萨满教都流传着许多有关葫芦的美丽传说。天龙洞工艺品厂成功地为奥组委制作了一个高2008毫米的目前世界最大的核木宝葫芦，作为奥运会接收的第一个礼物，引起全国轰动。在中国首届民间工艺品博览会上，核木宝葫芦（和睦保福禄）荣获特等奖(政府级最高奖)，在中国首届专利博览会上荣获创新奖。在2007年为庆祝香港回归十年特制了核桃木梅花鹿——财鹿，献给香港特首曾荫权。

参考文献

[1]（明朝）任洛等纂修.《辽东志·地理卷》.
[2] 宁可. 中国文化通志：地域文化典［M］. 上海：上海人民出版社，2010.
[3] 韩福文，佟玉权. 辽宁历史文化与旅游［M］. 北京：当代中国出版社，2004.
[4] 黄斌，刘厚生. 高句丽史话［M］. 2版. 北京：远方出版社，2002.
[5] 杨仁恺，等. 辽宁寺庙塔窟［M］. 沈阳：辽宁美术出版社，2002.
[6] 冯永谦，等. 辽宁古长城［M］. 沈阳：辽宁人民出版社，1986.
[7] 张德玉. 满族发源地历史研究［M］. 沈阳：辽宁民族出版社，2001.
[8] 刁书仁. 满族生活掠影［M］. 沈阳：沈阳出版社，2002.
[9] 李凤民. 兴京永陵［M］. 沈阳：东北大学出版社，1996.
[10] 谢春山，范秋梅. 辽宁导游词选编［M］. 北京：旅游教育出版社，2014.
[11] 郭武备，罗亚平. 中国的世界遗产全程导游词 华北东北卷［M］. 北京：中国建筑工业出版社，2012.
[12] 梁志龙. 沸流集 高句丽及辽东史地论稿［M］. 沈阳：辽宁人民出版社 2015.
[13] 夏秋. 满族民间故事·辽东卷［M］. 沈阳：辽宁民族出版社，2011.
[14] 周小棣. 负山阻海地险而要明长城防御体系之辽东镇卫所［M］. 南京：东南大学出版社，2013.
[15] 本溪农网：http://www.bxnw.gov.cn/ztzl/LvYouTD/.
[16] 本溪满族自治县政府信息网：http://www.bx.gov.cn/Item/1974.aspx.
[17] 丹东市政府门户网站：http://www.dandong.gov.cn/.
[18] 辽阳市人民政府网站：http://www.liaoyang.gov.cn/.
[19] 抚顺旅游政务网：http://gov.fstour.gov.cn/.